Selbst- und Fremdanalyse

Matthias Niggehoff

www.matthias-niggehoff.de
ISBN: 978-1548253899
ISBN-13: 1548253898

INHALT

Inklusive kostenlosen Hörbuch (ungekürzt) – Der Link zum Download befindet sich auf der vorletzten Seite.

"MAN SOLLTE ALLE TAGE WENIGSTENS EIN KLEINES LIED HÖREN, EIN GUTES GEDICHT LESEN, EIN TREFFLICHES GEMÄLDE SEHEN UND, WENN ES MÖGLICH ZU MACHEN WÄRE, EINIGE VERNÜNFTIGE WORTE SPRECHEN."

GOETHE

1 EINFÜHRUNG

Unbequeme Anmerkungen

Schubladen sind perfekt, um Strümpfe zu verstauen, alte Rechnungen verschwinden zu lassen sowie Kleinkram, den man nicht mehr braucht. Menschen hingegen passen selten in eine Schublade. In Teilen natürlich schon, aber wir wollen ja noch etwas vom Chef, der Partnerin und vom Nachbarn haben. Dein Gehirn mag Struktur. Es verschafft uns eine Ordnung, wenn wir Menschen schnell in eine Schublade einordnen können: Der Lehrer, der Politiker, die Introvertierte, die Hausfrau – zu allen Menschen haben wir eine passende Schublade inklusive optimaler Attribute parat. Der Lehrer? Sicherlich gewissenhaft. Die Verkäuferin? Sicherlich extrovertiert. Der Buchhalter? Ein Perfektionist. Wir brauchen diese Schubladen, diese einfachen Zuordnungen. Sie verschaffen uns Klarheit und der Drang nach Komplexitätsreduktion ist befriedigt. Wir können das Denken einstellen.

Wer feststellt, hört auf zu denken (frei nach Heidegger) und vielleicht ist es auch ganz anders (frei nach Hegel).

Niemand ist schüchtern. Niemand hat kein Selbstbewusstsein. Niemand ist ängstlich. Es gibt immer Situationen, in denen wir anders sind. Anna ist unter fremden Menschen eher zurückhaltend. Beobachte Anna jedoch mal, wenn sie mit ihren besten Freundinnen durch Berlin zieht. Die Situation spielt immer eine Rolle. Bedenke dies bitte immer wieder, wenn du Menschen mit einem Label verzierst. Letztens meinte eine Teilnehmerin in meinem Seminar ‚Selbst- und Fremdanalyse' zu mir: *„Matthias,* *bist du blau?"* – Sie bezog ihre Aussage nicht auf Alkohol, sondern auf ein bekanntes Typen-Modell, das Menschen in vier Farben einteilt. Die Idee existiert seit über 2000 Jahren. Nochmal kompakt: Wir müssen mit Attributen, Labeln und Typen arbeiten, um uns besser in der komplexen Welt und insbesondere in zwischenmenschlichen Beziehungen zurechtzufinden. Bitte behalte beim Durchlesen und Durcharbeiten dieses Buches stets im Hinterkopf, dass jegliche Typen-Modelle der Komplexität der menschlichen Psyche keinesfalls gerecht werden und achte darauf, die Menschen aus den Schubladen herauszuholen. Sie sind zu eng für sie.

Gute Erkenntnisse wünscht,

Matthias Niggehoff (eher bunt veranlagt)

P.S. Lade dir das Hörbuch zu diesem Buch einfach kostenlos herunter.

Einführung

Herzlich willkommen zu meinem Buch „Selbst- und Fremdanalyse“. Ich freue mich, dass du dieses Buch erworben hast und daran arbeiten möchtest, dich selber besser kennenzulernen und zu schauen, was deine Stärken und was sind deine Schwächen sind. Was macht deine Persönlichkeit überhaupt aus? Wie hat sie sich entwickelt? Gab es vielleicht bestimmte Momente, die dein Leben beeinflusst haben? In diesem Buch erfährst du zudem, wie du negative Persönlichkeitsanteile nutzen oder zum Positiven verändern kannst.

Des Weiteren schauen wir uns an, was überhaupt Persönlichkeit ist, wie Persönlichkeit sich grundlegend entwickelt und was es für Facetten der Persönlichkeit gibt. Zudem werfen wir einen intensiven Blick auf das Thema Fremdanalyse und schauen dabei, was für Persönlichkeitsmerkmale deine Mitmenschen aufweisen. Wir lernen, die andere Person zu analysieren und ihren Charakter zu entschlüsseln. Wenn du das weißt und besser einschätzen kannst, kannst du ganz anders mit der Person umgehen. Du kannst sie besser unterstützen, dich aber auch vor bestimmten Personen schützen, die für dich schädlich sein könnten.

Bei diesem Buch ist unbedingt deine aktive Mitarbeit gefragt. Passives Lesen verändert nichts. Lies es ganz in Ruhe durch und bearbeite die Impulsfragen. Wiederhole das immer wieder, denn dein Charakter entwickelt sich mit der Zeit weiter und du entdeckst ganz neue Seiten. Vielleicht neue Stärken, vielleicht aber auch Schwächen, die dir bisher nicht bewusst waren. Indem du das Buch dann wiederholt liest, entdeckst du immer mehr einzelne Teile deiner Persönlichkeit und gewinnst neue Erkenntnisse. Mir geht es auch so, wenn ich ein Hörbuch höre oder ein Buch lese. Immer wieder fallen mir Sachen auf oder werden mir plötzlich mit meinen neuen Erkenntnissen klar, weil ich mich persönlich weiterentwickelt habe. Vor allem erschließen sich einem dann auch neue Themenfelder. Themenbereiche, die beim ersten Lesen vielleicht gar keine große Relevanz für einen hatten, weil man einfach noch nicht so weit war, sieht man plötzlich in einem ganz anderen Licht.

Im nächsten Schritt ist es wichtig, dass du auch schaust, was du für Erkenntnisse beim Lesen hast und diese sofort aufschreibst. Nimm dafür wirklich Stift und Papier zur Hand, während du das Buch liest und notiere deine Erkenntnisse oder deine Ideen zu dem, was du liest. Selbstverständlich kannst du dafür auch ein digitales Medium wie ein Tablet nutzen. Schreibe dabei einfach alles auf, was dir in den Sinn kommt. Oft macht man den Fehler, dass man zunächst alle Informationen lesen bzw. hören möchte und sich dabei denkt, dass man sich an diesen oder jenen tollen Tipp schon später erinnern wird, aber unser Gedächtnis ist leider nicht so gestrickt und die wertvollen Ideen gehen wieder verloren. Wenn du irgendwelche Einfälle oder Impulse hast, bei denen du sagst, das könnte ich mal verändern oder das ist spannend, dieser Aspekt der Fremdanalyse erinnert mich an die und die Person, dann schreibe es sofort auf. Wirklich auch schriftlich, denn während des Schreibens entwickeln sich deine Ideen und Gedankengänge bereits weiter und man beschäftigt sich unterbewusst schon tiefer mit dem Thema. Das ist ganz wichtig, um dann daran zu arbeiten und sich die einzelnen Aspekte klarzumachen. Auf diese Art und Weise fertigst du dir ein Gedankenbuch an, das sich, genau wie deine Persönlichkeit, weiterentwickeln kann.

TEIL I - WAS IST DIE PERSÖNLICHKEIT?

Im ersten Teil beschäftigen wir uns damit, was Persönlichkeit überhaupt ist. Es gibt nicht mehr oder weniger Persönlichkeit. Oft wird das ja im Alltag gesagt, dass jemand eine große Persönlichkeit ist, damit ist dann vielleicht eher die Person und ihr Wirken an sich gemeint. Man sagt, die Person ist stark, sie hat einen starken Charakter oder sie hat viel bewirkt, vielen Leuten geholfen und sie unterstützt, aber es gibt nicht mehr oder weniger Persönlichkeit. Es gibt dafür kein Maß, welches genau bestimmt, dass jemand mehr Persönlichkeit besitzt als jemand anderes.

Persönlichkeit kommt vom Begriff *„persona"* und bedeutet Maske. Damit ist einfach die Maske gemeint, die wir aufhaben, wie wir uns geben, wie wir uns nach außen zeigen. Es gibt nicht mehr oder weniger Persönlichkeit, auch wenn man das so im Alltag sagt. Es gibt einfach eine Persönlichkeit eines Menschen und die ist meistens sehr facettenreich, besteht aus verschiedenen Grautönen. Es ist nicht alles Schwarz-Weiß, es gibt nicht den bösen und den guten Menschen, sondern jeder hat bestimmte Persönlichkeitsanteile in sich, die wir uns auch nochmal genauer anschauen werden. Im weiterführenden Teil werden wir darauf eingehen, was die Persönlichkeitsanteile sind, wie die Persönlichkeit aufgebaut ist und wie man sie auch deutlicher hervorheben kann.

Wichtig ist der Unterschied zwischen Persönlichkeit und Charakter. Persönlichkeit ist erstmal nur die Maske, die man nach außen sieht. Du kennst vielleicht auch eine Person, die sich nach außen hin ganz cool und selbstbewusst inszeniert. Ich nutze an dieser Stelle bewusst das Wort inszeniert.

Herausragende Persönlichkeiten
haben es nicht notwendig,
sich hervorzutun.

Ernst Ferstl

Sie gibt sich nach außen hin cool und selbstbewusst, sagt: *„Ich schaffe das und kann das super und ich pack das an! Und alles, was ich anpacke, das gelingt auch hervorragend!“.* Vor allem Verkäufer bzw. Vertriebler machen oft diesen Eindruck. Niemand kann ihnen was. Sie wissen, was sie können und was sie wollen, nämlich verkaufen und das um jeden Preis. Nichts scheint sie dabei aus ihrem Konzept zu bringen oder irgendwie zu verunsichern, aber das ist gelernt. Das ist ein aufgesetztes Verhalten und nichts anderes als die Maske, die sie aufgesetzt haben. Wie es im Kern aussieht, im Charakter der Person, das wissen wir nicht. Das kann ganz anders sein.

„Persönlichkeit ist, was übrigbleibt, wenn man Ämter, Orden und Titel von einer Person abzieht."

Wolfgang Herbst (Deutscher Schriftsteller)

Das heißt, wir bewegen uns auf der Bühne des Lebens, auf der Bühne des Alltags, im Job, in der Familie, in unseren Hobbys, mit unseren Freunden zusammen und da haben wir immer verschiedene Masken der Persönlichkeit auf. Die eine Person gibt sich vielleicht im Job sehr selbstbewusst und zielstrebig, tut so, als könne ihr quasi nichts passieren, als pralle alles an ihr persönlich ab, und dann gibt es eine Person, die vielleicht ganz anders ist, die vielleicht eher ihren Charakter auch im Job zeigt, einfach so. Die auch nach außen hin zeigt, ja so bin ich und so trete ich auch auf. Ihr fällt es auch nicht schwer, vielleicht mal Schwächen zuzugeben. Es kann sein, dass die Person, die dir so selbstbewusst und zielstrebig als Persönlichkeit vorkommt, von ihrem Kerncharakter ganz anders ist. Wenn sie nach Hause kommt, ist sie nicht so zielstrebig oder gar eine andere Person in ihrem Umfeld zu Hause viel dominanter. Das heißt, je nach Situation zeigen wir uns von der einen oder der anderen Seite unserer Persönlichkeit und ziehen situationsbezogen eine andere Maske auf. Mal haben wir die eine Maske auf, mal eine andere, je nachdem, was gerade passt. Manche Menschen gucken in jeder

Situation, wie sie das Beste aus der Situation machen. Oftmals sind das genau die Menschen, die wir als authentisch und wesentlich sympathischer wahrnehmen.

Wenn eine Persönlichkeit mich fesselt, wird jede Form des Ausdrucks an ihr zum Genuss.

Oscar Wilde

Das sind die Menschen, die eher ihren Charakter zeigen. Die sind immer so wie sie sind und gucken, was in einer Situation zu tun ist und was weniger zu tun ist. Es gibt übrigens auch, wenn auch sehr selten, Menschen, die sich deutlich schwächer darstellen. Ihre Maske dient dann nicht dem Schutz, sondern sie verfolgen ein bestimmtes Ziel damit. Verona Pooth ist dafür wohl ein gutes Beispiel. Sie hat sich nach außen hin immer als Dummchen dargestellt, doch dieses Dummchen hat (unabhängig von ihrem Mann) ein erhebliches Vermögen aufgebaut. Die Menschen werden dann bewusst unterschätzt und können sich insgeheim an die Erreichung ihres Ziels machen, ohne dass jemand von ihnen Gefahr wittern würde, zum Beispiel durch Konkurrenz.

Du kannst jetzt schon mal fragen: Wie ist es bei dir? Welche Masken hast du in bestimmten Situationen eher an, im beruflichen Bereich oder privat? Was für Masken hast du an und mit welchen Rollenbeschreibungen sind die Masken verbunden, wenn du auf den einzelnen Bühnen des Lebens unterwegs bist. Ein gutes Beispiel kann deine Arbeit sein. Hast du dir dort den Ruf vielleicht erarbeitet, besonders fleißig oder hartnäckig oder sogar eisern zu sein? Du bist nicht in jeder Lebenslage deines Lebens so, aber auf der Arbeit trägst du dann die entsprechende Maske, damit alle deine Kollegen dieses Bild von haben und behalten. Du musst immer ganz schnell arbeiten. Du musst es allen Recht machen. Das könnten alles Botschaften sein, die du vermittelst. Botschaften der Maske. Im Gegenzug dazu gibt es bestimmt Situationen, in denen du eher deinen Kerncharakter zeigst. Natürlich heißt das nicht, dass ich sofort alles von mir erzähle und alles preisgebe, aber schon zu sagen, ja, so bin ich und dies auch nach außen zu zeigen, ist ein großer Schritt.

Nimm dir an dieser Stelle ein Blatt Papier und überlege wirklich für dich intensiv:

- *Wann hast du die einzelnen Masken auf?*
- *Was für Masken hast du auf und in welchen Situationen?*
- *Und wann zeigst du wirklich deinen Kerncharakter und was hat das auch für Auswirkungen?*

Mit Auswirkungen meine ich zum Beispiel, dass es dich sehr viel Kraft kosten kann, oder dass es auch zu starken Konflikten kommt, da deine Masken eigentlich nicht zu deinem Kerncharakter passen, du sie aber zum Selbstschutz aufsetzt. Nehmen wir an, du bist eher sozial und hilfsbereit eingestellt, musst dich dann aber vor allem beruflich immer wieder inszenieren als ein Typ, der sehr selbstbewusst auftritt und *„Ja, ich schaffe alles"* ausstahlt. Ein Mensch, der nach außen sehr status- und machtorientiert ist. Dann kommt das selbstverständlich zu Konflikten und es kostet dich sehr viel Kraft. Auf die Art entstehen auch innere Konflikte. Es kostet viel, viel mehr Energie, als einfach so zu sein, wie man ist. In Bezug auf Persönlichkeitspsychologie ist diese Unterscheidung essenziell, immer wieder zu prüfen, was die Maske und was ist der Kerncharakter ist. Viele Leute arbeiten sehr stark an der Persönlichkeit und weniger an der Maske. Sie sagen: *„Okay, ich möchte selbstbewusster werden, ich stelle mich immer schön gerade hin oder ich möchte mich besser durchsetzen können."* Selbstbewusster werden klingt ja zunächst einmal nach Kerncharakter, aber auch das ist nichts anderes als ein Arbeiten an der Maske. Selbstbewusster wirken durch geraden Stand und durch die generelle Arbeit an der eigenen Körpersprache. Alles Arbeit an der Maske und nicht am tiefen Charakter. Am eigentlichen Charakter zu arbeiten, bedeutet, viel Zeit zu investieren. Was auch entscheidend ist, ist, dass sowohl Persönlichkeit als auch Charakter weniger wirken, wenn die

Situation sehr stark ist. Du kannst dir vorstellen, wenn du in ein Zimmer kommst und es brennt, dann kannst du noch so hilfsbereit sein, noch so offen, du wirst einfach reagieren und die Persönlichkeit spielt gar nicht mehr so eine große Rolle. Wenn die Situation, zum Beispiel in einer Angstsituation, sehr stark ist, ist die Persönlichkeit weniger relevant. Persönlichkeit spielt vor allem dann eine Rolle, wenn wir auf eine bestimmte Art wirken wollen und dazu muss man in einer Situation erst einmal in der Lage sein. Ängste unterdrücken diese Fähigkeit. Entscheidend ist auch das Zusammenspiel zwischen Trieben und Moral.

In Wahrheit sind aber die bösen Triebe in ebenso hohem Grade zweckmäßig, arterhaltend und unentbehrlich wie die guten: – nur ihre Funktion ist eine verschiedene.
Friedrich Nietzsche

Das kann der Wunsch nach Anerkennung sein, das können auch sexuelle Impulse sein. Der Trieb nach Spaß, nach Unterhaltung. Und gleichzeitig haben wir aber auch bestimmte moralische Maßstäbe mitbekommen, durch Eltern, die zum Beispiel gesagt haben: *„Lügen darf man nicht, das ist schlecht.“* Das wissen wir natürlich, aber wir haben immer wieder einen Konflikt, weil aus den Trieben der Impuls kommt, dass wir gerne für das Gegenüber noch interessanter wirken würden, sodass wir ihm einfach eine Lügengeschichte erzählen, damit wir ihn beeindrucken können. Um diesen Konflikt wird es auch im Buch immer wieder gehen, weil das ganz relevant ist für viel Stress, für schlechte Stimmungen und für bestimmte Impulse, die dir vielleicht sogar schaden. Denk daran, mach dir Notizen dazu, wann du Masken aufhast oder auch was für Personen du kennst, bei denen du weißt, Stichwort Fremdanalyse, die haben immer eine bestimmte Maske auf, aber im Inneren sieht es ganz anders aus und allein diese Unterscheidung ist zum Thema Fremdanalyse schon sehr wichtig und grundlegend. Wenn dir das bewusst ist, dass viele Leute eher mit einer Maske herumlaufen, ist das schon ein großer Vorteil. Du lernst, darauf zu achten und diese Masken zu erkennen und mit ihnen umzugehen. Je dominanter man auftritt, desto künstlicher das wirkt, desto mehr weiß man, dass es im Charakter ganz anders aussieht, vielleicht sogar das Gegenteil, frei nach dem Motto: Harte Schale und weicher Kern.

TEIL 2 – SO ENTSTEHT DIE PERSÖNLICHKEIT – GENE UND UMWELT

Herzlich willkommen zum zweiten Teil dieses Buches. Im ersten Teil haben wir uns die Persönlichkeit genauer angeschaut, mit den Masken, mit den Situationen, dem Zusammenspiel zwischen Trieben und Moral. Und jetzt wollen wir uns mal anschauen, wie entsteht überhaupt die Persönlichkeit und wie entwickelt sie sich? Das Wissen über die Entstehung der Persönlichkeit ist ein wesentlicher Faktor für die Selbstanalyse, um zu analysieren, wo ich herkomme und wie sich bestimmte Aspekte der Persönlichkeit entwickelt haben. Wie bin ich überhaupt zu der Person geworden, die ich jetzt bin und was hat mich dazu gemacht?

Du brauchst niemanden, der dir sagt, wer oder was du bist. Du bist, was du bist!

John Lennon

Dazu gehört natürlich auch, bestimmte negative Aspekten zu betrachten. Warum handle ich so, wie ich handle? Warum schade ich vielleicht auch bestimmten Mitmenschen? Warum breche ich akut einen Kontakt ab? Das ist alles in die Entwicklung der Persönlichkeit integriert. Bestimmte Erlebnisse aus der Vergangenheit können Auswirkungen auf das Erleben haben. Das

Gehirn hat sich einfach gemerkt, dass bestimmte Reize mit bestimmten Handlungen verknüpft sind. Ausdrückliche Triebe haben einen Einfluss aber auch die aktive persönliche Entwicklung. Wir entwickeln uns automatisch immer weiter. Die Frage ist nur, in welche Richtung. Ob wir uns zu unserem Vorteil oder auch zu unserem Nachteil weiterentwickeln, ist oft unklar. Wie kannst du dich am besten entwickeln und wie reagiert deine Persönlichkeit auf Stressoren oder negative Erlebnisse? Das werden wir jetzt genauer betrachten. Was für Grundmotive bringst du eigentlich mit und wie stark sind die bei dir selbst ausgeprägt und welche Bedürfnisse hast du? Wichtig ist hier, dass du dir wieder einen Stift und Papier nimmst. Und mache das bitte handschriftlich. Das ist wesentlich effektiver und sinnvoller.

Das Zusammenspiel der Gene und ihre Umwelt

Starten würde ich gerne mit dem Thema der Interaktion zwischen Genen und Umwelt. Hier lernst du, wie hoch eigentlich der Anteil der Genetik, also der Vererbung, am Charakter ist. Du hast ja 50% der genetischen Ausprägung von deiner Mutter und 50% von deinem Vater geerbt und hier ist grundsätzlich die Frage, wie stark diese Anteile wirken.

Wir werden als Persönlichkeit geboren und versuchen unser Leben lang herauszufinden, wer wir sind.

Wie viel hast du von der genetischen Basis in deine Verhaltensmuster übernommen und wie ist das Zusammenspiel zwischen der genetischen Ausprägung und der Umwelt. Bist du vielleicht dispositioniert dazu – das bedeutet vorbestimmt dazu – eher offen zu sein für eine neue Erfahrung? Als eine natürliche Neugier könnte man das bezeichnen. Die Frage ist immer, wie stark dann die Umwelt wirkt. Konntest du diese natürliche Neugier auch wirklich ausleben? Wurde sie aktiv gefördert? Und das ist hier die entscheidende Frage. Wenn sie aktiv gefördert wurde, kann das dazu führen, dass sie sich auch sehr stark als Persönlichkeitsmerkmal ausprägt hat. Wurde sich nicht gefördert oder gar unterdrückt unter dem Motto *„Kümmere dich nur um die Sachen, aber das, was da neu ist oder was du da noch* *kennenlernen willst, das ist jetzt gar nicht relevant für dich"* dann kann das dazu führen, dass sich dieses Persönlichkeitsmerkmal eben nicht ausprägt. Ein spannendes Modell dazu ist von Caspi und Bem. Jede Persönlichkeitseigenschaft hat eine genetische Basis und damit einen gewissen Grad an Vorbestimmung. Ein gutes Beispiel dafür ist natürlich die Körpergröße. Sie ist eher vorherbestimmt und relativ präzise vererbt. Etwas abstrakter hingegen sind dann schon Eigenschaften wie der Hang zur Kreativität. Dennoch können wir festhalten, dass jedes Persönlichkeitsmerkmal eine genetische Basis hat und es dann darauf ankommt, wie die Umwelt der Person aussieht und wie die Person diese Basis ausleben und entwickeln kann. Was wurde gefördert? Was für Erfahrungen wurden gemacht in der Umwelt? Was für Menschen bist du in deinem Leben begegnet? Bist du Menschen begegnet, die dich eher gefördert haben, bestimmte Eigenschaften verstärkt haben, die schon genetisch stark ausgeprägt waren? Nehmen wir zum Beispiel eine Person, die von den genetischen Vorherbestimmungen von den Eltern her relativ musikalisch ist. Wenn die Person allerdings keinen Zugriff auf Musikunterricht bekommt und auch nicht gefördert wird, hat sie vielleicht die gute genetische Basis, aber kann diese nicht ausleben. In den seltensten Fällen entwickelt sich die Eigenschaft dann, denn der Mensch hat oft das Bedürfnis, die genetische Basis auch auszuleben. Mit einer Umwelt, die ihn hierin jedoch bremst, ist das fast unmöglich. Das heißt, nach dem Modell von Caspi und Bem ist es so, dass wir proaktiv, von uns selbst heraus, Umwelten aufsuchen, die zu uns passen. Zum Beispiel eine Person, die sehr extrovertiert ist, die sehr gern auf andere Leute zugeht, sehr aus sich rausgeht, die wird natürlich auch eher Umwelten aufsuchen, in denen sie diese Extrovertiertheit ausleben kann, in denen auch andere Menschen sind, bei denen sie das wirklich entwickeln kann. Sie wird eher Partys besuchen oder sich vielleicht auch während der Party in den Mittelpunkt stellen und sagen: *„Hallo, hier bin ich"*. Oder sie wird eher auf Menschen zugehen und sagen: *„Hey, ich bin die und die, wie geht es euch denn?"*. Das heißt, wir haben die genetische Basis und proaktiv suchen wir Umgebungen auf, die zu uns passen. Hier kannst du selbst auch mal überlegen, wie das bei dir ist. Mach dir ein paar Notizen dazu, welche Umwelten du gerne aufsuchst, bei denen du sagst, das sind Situationen, die liegen mir und die besuche ich gerne, da gehe ich gerne hin. Zum Beispiel könntest du eher in den Wald gehen, wo du für dich alleine bist, weil dich vielleicht Menschenmassen eher belasten, oder auch einfach gerne in die Innenstadt in ein belebtes Café gehen? Dann gibt es vielleicht Umwelten, die du magst, die viel mit Gewissenhaftigkeiten zu tun haben. Bei denen es um Genauigkeit geht, vielleicht um Berechnungen. Wenn ich irgendwie Zahlen sehe, etwas berechnen kann, fühle ich mich sicher oder vertraut. Es lohnt sich allerdings auch, einen Blick auf genau das Gegenteil zu werfen und mal zu schauen, was für Umwelten es gibt, die du gar nicht magst. Umwelten, die du proaktiv meidest.

Wir alle haben einerseits Umwelten, die wir proaktiv aufsuchen, weil sie einfach gut zu uns passen und die uns in unserem Persönlichkeitsmerkmal nochmal bestätigen und andererseits Umwelten, die wir meiden, da sie einen schlechten Einfluss auf uns haben, uns bremsen oder sogar schädlich für unsere Entwicklung sind. Eine Person, die sehr gewissenhaft ist, vielleicht auch perfektionistisch, die würde sicherlich nicht eine Umwelt suchen, die total chaotisch ist. In der Sachen unklar sind und Sachen verwirrend sind, weil diese Person eben Struktur braucht und ihr wichtig ist, dass sie auch andere Leute um sich herum hat, die ebenfalls etwas perfektionistischer sind und darauf achten, dass Sachen korrekt sind. Ein chaotischer Typ hingegen wird eher Umwelten aufsuchen, die auch ein bisschen chaotischer sind und das ist auch okay, weil ihn das bestärkt und er sich da wohlfühlt.

Jemand anderes sein zu wollen, ist eine
Verschwendung deiner eigenen Person.

Kurt Cobain

Die zweite Variante ist die reaktive Interaktion. Damit meinen Caspi und Bem, dass wir unterschiedlich auf die gleiche Umwelt reagieren. Eine Person, die auf einer Party ist, wird als introvertierte Person, die eher zurückhaltender oder vielleicht auch schüchterner ist, anders auf die gleiche Umwelt reagieren, als eine Person, die extrovertierter ist. Es ist exakt der gleiche Ort, die gleichen Leute, die gleiche Musik, vielleicht auch zum gleichen Zeitpunkt, denn die beiden Personen gehen zusammen zu dieser Party, doch sie werden die Situation vollkommen unterschiedlich wahrnehmen und auch entsprechend darauf reagieren. Nehmen wir mal an, sie gehen zusammen hin. Die eine Person wird wahrscheinlich eher ein bisschen schüchtern in der Ecke stehen oder sich am Buffet aufhalten, sich an Essen oder Trinken klammern.

Kleiner Hinweis am Rande: Es ist spannend, zu beobachten, an welche Dinge Menschen sich klammern, wenn sie verunsichert sind, um so einen gewissen Halt zu haben. Das kann schon ein Strohhalm sein, die eigene Kleidung oder die eigenen Hände. An sich geben all diese Dinge keinen echten Halt, sie würden nicht vor einem Sturz bewahren, dennoch sind sie emotional in dem Moment wichtig für die verunsicherte Person. Das kann auch nur Essen sein.

Die andere extrovertierte Person wird wahrscheinlich anders auf dieselbe Umwelt reagieren. Sie wird direkt in die

Menschenmengen gehen, die Leute sondieren und wer ihr gefällt, wird direkt angesprochen. Vielleicht reißt sie auch im Handumdrehen Gespräche an sich und steht innerhalb von Minuten im Mittelpunkt der illustren Runden. Wir haben exakt die gleiche Situation. Während die erste Person Halt sucht oder eher im Abseits steht, wird die zweite Person auf andere Menschen zugehen und sagen: *„Hallo, ich bin die und die",* und wird wahrscheinlich auch die erste auf der Tanzfläche sein, es sei denn – und da kommen wir wieder zum Teil eins – die eher zurückhaltende, introvertierte Person arbeitet an ihrer Maske und setzt dann die Maske der extrovertierten, coolen Person auf und inszeniert sich dort. Das kann durchaus funktionieren, bedeutet aber viel Mut und es kann natürlich auch viel Energie kosten, wenn ich dann die ganze Zeit etwas vorspiele. Mir selbst und den anderen natürlich auch.

Fassen wir noch einmal zusammen: Reaktiv bedeutet, dass zwei unterschiedliche Personen wegen der unterschiedlichen Ausprägung ihres Charakters vollkommen unterschiedlich auf eine exakt identische Situation reagieren können. Wir können auch zwei Geschwister haben, die beide zum Musikunterricht gehen, eine Person springt da sehr darauf an, es klappt super mit dem Klavierspielen. Die andere Person mag das überhaupt nicht, sie ist gelangweilt beim Klavierunterricht. Gleiche Umwelt, unterschiedliche Reaktionen.

Die dritte Möglichkeit ist das Evokative. Dabei handelt es sich um ein weiteres Zusammenspiel von Veranlagung und Entwicklung. Nehmen wir uns als Beispiel einen jungen Mann. Dieser neigt von der genetischen Disposition her zu eher gewalttätigem Verhalten. Disposition bedeutet, man ist geneigt zu einem bestimmten Verhalten, zu einem bestimmten Handeln, wie beispielsweise einem aggressiven Verhalten. Es ist ein negatives Beispiel, veranschaulicht aber dennoch sehr gut, was ich meine. Dieser junge Mann lebt in seiner Kindheit sein aggressives Verhalten an seinen Mitschülern aus, indem er sie zum Beispiel körperlich angeht, sie schlägt, schubst oder tritt. Zuhause dann wiederum wird dieser Junge von seinem Vater ebenfalls durch Gewalt bestraft Das heißt, von der genetischen Ausprägung ist er dispositioniert zu einem eher gewalttätigem Verhalten, lebt das dann auf dem Schulhof aus und wird dann wiederrum mit Gewalt bestraft. Das nennt man evokative Interaktion, das heißt, das Verhalten, was man an den Tag legt, zeigt man in der Umwelt und das wird dann nochmals verfestigt. Das Persönlichkeitsmerkmal verfestigt und verstärkt sich so. Am Beispiel des Jungen wäre vermutlich der Gedankengang, das Gewalt zumindest irgendwie eine Lösung ist, denn immerhin ist es ja die Antwort des Vaters auf sein Verhalten. Das bedeutet, er wird mit einer Tracht Prügel für sein Prügelverhalten bestraft und das führt dann zu einer Bestätigung. Wenn man diese Verhaltenskette näher betrachtet, dann ist diese relativ fatal, weil sich dann natürlich auch die Persönlichkeitseigenschaft der Aggression verfestigt. Das geht natürlich auch positiv für die Entwicklung, dass man dann von der Natur aus eher hilfsbereit ist, dies dann auch ausleben kann in der Umwelt und dann dafür belohnt wird von den Eltern, Freunden, Kollegen. Da wird dann in der Kindheit bereits gesagt: *„Super, so hilfsbereit"*, oder man bekommt einen besonderen Preis dafür und freut sich dann darüber. Auch Anerkennung von anderen kann eine Form der Belohnung sein, die man beispielsweise für Hilfsbereitschaft erhält. Die Menschen um einen sagen: *„Klasse hast du das gemacht"*. Und dann verfestigt sich natürlich die Hilfsbereitschaft wieder, weil sie wieder bestätigt wird. Es geht natürlich auch umgekehrt. Eine Person, die eine bestimmte Verhaltensweise an den Tag legt und immer wieder bemerkt, wie Menschen mit Abneigung oder Ablehnung auf eben diese Charaktereigenschaft reagieren, versuchen zukünftig, dieses Verhalten zu vermeiden, um eben den negativen Reaktionen vorzubeugen.

Fassen wir insgesamt noch einmal alle drei Hauptinteraktionen in der Persönlichkeitsentstehung zusammen: Wir haben zunächst proaktives Verhalten. Das bedeutet, wir suchen uns aktiv das Umfeld bzw. die Umwelt, die wir benötigen, um uns weiterentwickeln zu können. Kurz gesagt, wir gehen dahin, wo es passt.

Als zweite Interaktion haben wir das reaktive Verhalten. Nicht immer können wir uns eine Situation aussuchen. Das reaktive Verhalten sorgt dann dafür, dass wir entsprechend unseres Charakters auf die Situation reagieren. Bei unterschiedlichen Charakterausprägungen können natürlich vollkommen unterschiedliche Reaktionen auf ein und dieselbe Situation zustande kommen.

Zu guter Letzt haben wir noch die evokative Interaktion. Bei dieser ist bereits eine gewisse Basis an Persönlichkeit, bzw. Charakter vorhanden, wie beispielsweise die Hilfsbereitschaft oder Aggression. Durch das, was wir bei der Ausübung dieser Eigenschaften erleben und als Reaktionen bekommen, wird die Verhaltensweise entweder verstärkt oder auch im umgekehrten Fall unterdrückt, um eben die Reaktionen darauf zu vermeiden.

Das sind die drei Hauptinteraktionen im Bereich der Persönlichkeitsentstehung und Entwicklung und auch da bitte ich dich nochmal zu prüfen:

- *Wie unterschiedlich reagierst du auf bestimmte Umwelten?*
- *Wo fühlst du dich wohl?*
- *Wo fühlst du dich weniger wohl und was für evokative Verstärkungen gab es bei dir?*

Damit meine ich bewusst Erlebnisse, bei denen du entweder für ein bestimmtes Verhalten belohnt oder bestraft wurdest. Dies muss nicht durch Gewalt gewesen sein oder durch das Gewinnen von Preisen. Das sind nur zwei Extreme, aber wir alle können uns bestimmt an die eine oder andere Situation erinnern, die uns darin bestärkt hat, ein bestimmtes Verhalten fortzuführen und damit zu festigen.

Was hinter uns liegt und was vor uns liegt, sind nur Kleinigkeiten im Vergleich zu dem, was in uns liegt. Und wenn wir das, was in uns liegt, nach außen in die Welt tragen, geschehen Wunder.

Henry Stanley Haskins

Kopieren und Lernen

Gewisse Verhaltensweisen oder auch Persönlichkeitsanteile werden natürlich auch erlernt. Ich hatte ja gerade schon einmal das Beispiel mit dem Vater und dem Sohn genannt. Dazu sei das *„Lernen am Modell"*-Konzept von Albert Bandura genannt. Es besagt, dass wir uns gerne an Modellen und Vorbildern orientieren. Zunächst sind das natürlich die Eltern, an denen wir uns orientieren. Wir schauen, was sie machen, was ihre Verhaltensweisen in bestimmten Situation sind, und gerade am Anfang sind die Eltern dann eine ganz entscheidende Autorität. Junge Menschen kopieren viele Leute erst einmal eins zu eins. Jeder hat bestimmt mal selbst oder zumindest im Bekanntenkreis mitbekommen, wie ein Kind die Kleidung der Eltern anzieht, kleine Mädchen versuchen, in den Pumps der Mamas zu laufen oder sich mit Lippenstift bemalen. Kleine Jungs hingegen beschmieren sich mit Rasierschaum und kratzen den dann ab. Es ist wichtig für Kinder, von den Eltern das Verhalten zu übernehmen und das eins zu eins. In früheren Zeiten sicherte dies das Überleben der Nachkommen und jegliches alternative Verhalten wurde als nicht richtig deklariert. Man kann das später auch noch von verschiedensten Autoritätspersonen übernehmen, in der Kindheit, aber auch in der Jugend wird noch viel übernommen und auch als Erwachsener lernen wir noch ganz oft am Modell, prüfen, wie macht die Person das und dann machen wir das nach. Das erfolgt über Spiegelneuronen auch unbewusst. Das bedeutet, dass wir das Verhalten im Kopf nochmal simulieren und spiegeln und dann weitergeben. Ein gutes Beispiel dafür ist auch das Kopieren von Vorgesetzten. In vielen Studien konnte beobachtet werden, dass Menschen, die in der Firmenhierarchie tiefer standen, oftmals das Verhalten der Vorgesetzten kopiert haben. Sie haben sich unbewusst Verhaltensweise von ihnen angeeignet. Das konnte sogar so weit gehen, dass das Lachen des Vorgesetzten kopiert wurde.

Aber auch bewusst funktioniert das und es ist meistens einhergehend mit einer zielgerichteten Entscheidung. Bewusst kannst du es kopieren, indem du beispielsweise sagst: *„Mensch ich will auch was selbstbewusster auftreten"*, und dir dann eine Person vorstellst, die in deinen Augen sehr selbstbewusst auftritt. Du guckst dir an, was diese Person macht. Wie gibt sie sich? Was sagt ihre Körpersprache? Wie tritt sie auf? Was nutzt sie für Wörter? Aber auch das ist nur Arbeit an der Persönlichkeit, an der

Maske, nicht am Kern selbst. Denn das Kopieren von Verhalten ist nichts anderes als das Erlernen einer neuen Maske. Da bedarf es dann schon mal einer längeren Entwicklung und intensiverer Arbeit daran. Aber häufig orientieren wir uns dann an bestimmten Verhaltensmustern. Das ist das Lernen an Modellen. Auch das trägt natürlich zur persönlichen Veränderung und Entwicklung bei, dass man sich anders verhält, einfach durch dieses Modell, was vorgelegt wird. Dies spielt auch eine Rolle für den Bereich der Skriptanalyse.

- *Wann hast du Verhalten kopiert?*
- *Welche Person kannst du „modellieren“?*
- *Welche Verhaltensweise möchtest du wieder verlernen?*

Dein Lebensplan – Das Skript

Skripte sind bestimmte Rollenanweisungen. Im ersten Teil hatten wir das schon mal kurz angerissen. Sie besagen, dass zu jeder Maske bestimmte Skripte, also Rollenanweisungen, bestehen. Diese geben dann vor, wie du dich in den verschiedenen Situationen verhältst. Gelernt hast du sie vermutlich von deinen Eltern, aber auch von anderen Autoritätspersonen und aus dem Freundeskreis.

Skript sind einfach Handlungsanweisungen, wie zum Beispiel: *„Gehe nicht bei Rot über die Straße, bleib stehen!" Oder, „Mensch, wenn der Chef was sagt, dann spring sofort und mach das sofort oder wenn eine Person Hilfe braucht, dann lauf sofort dahin und helfe!"* Das sind einfach Sätze, die wir immer wieder gehört haben. Verhaltensweisen, die wir immer wieder gesehen und gelehrt bekommen haben. Dies kann auch ein Satz sein, wie: *„Der Teller muss immer aufgegessen werden. Du darfst nichts übriglassen".* Oder auch: *„Indianer kennen keinen Schmerz. Jungen weinen nicht".* Auch das kann eine Skriptanweisung sein. *„Zeig keine Schwächen, es muss alles schnell gehen, komm. Der frühe Vogel fängt den Wurm, was sollen die Nachbarn denken, guck mal, was die anderen von dir denken. Du musst darauf achten, dass die dich gernhaben".* Das sind alles Skriptanweisungen. Sachen, die unser Gehirn immer wieder gehört hat und dann als Realität übernommen hat. Als Wahrheit, bei denen dem Gehirn klar ist, okay, so und so muss ich handeln und dann in Abhängigkeit zu der Maske der Persönlichkeit. In der einen Situation gilt dann dieser Satz, in anderen Situationen vielleicht weniger. Sie sind hilfreich, weil wir uns nicht immer wieder neu orientieren müssen, sondern wir eine ganz klare Orientierung haben. Wir müssen Dinge nicht immer wieder neu lernen und können in manchen Situationen ohne viel nachzudenken ganz einfach reagieren, denn die Skripte geben uns unbewusst vor, wie wir zu reagieren haben. Wir haben je nach Rolle, je nach Persönlichkeitsmaske einfach ganz klar, glasklar, eine Orientierung und wissen, was zu tun ist. Was wir tun sollen und was wir nicht tun sollen, ein ganz klares Konzept. Nur manchmal, und du kannst dir auch selbst jetzt schon mal dazu Gedanken zu machen, haben wir schädliche Skriptbotschaften, die uns eher im Weg stehen, wie zum Beispiel: *„Denk doch nicht so groß, denk mal klein" und „Komm, sei mal bescheiden" oder „Die Reichen kommen in die Hölle". „Du darfst nicht viel Geld haben, weil Reichtum böse ist".* Ich erlebe oft in meinen Seminaren, dass viele Leute sehr angepasst sind, immer wieder Ja und Amen sagen, anstatt mal zu überlegen, was sie selbst möchten oder sich auch mal durchzusetzen und zu sagen: *„Nee, das passt mir nicht"*, einfach weil sie vom Skript her gelernt haben, brav zu bleiben!

Was steht in deinem Drehbuch für dein Leben? Was steht im Drehbuch deiner Kinder? Welche Botschaften gibst du täglich deinem Kind mit? Es sind grundlegende Anweisungen, die den Kindern auf den Weg durch ihre Kindheit mitgegeben werden. *„Bleibe bitte von der Steckdose weg"* wäre eine durchaus sinnvolle Botschaft, um klar zu machen, dass Steckdosen für Kinder gefährlich sein können. *„Jungen weinen nicht", „Du musst immer alles perfekt machen"* und *„Als Mädchen kannst du eh kein Mathe"* sind hemmende Botschaften und können zu festen Überzeugungen des Kindes werden. Es kann dann dazu führen, dass es mit aller Kraft die Tränen unterdrückt oder sich noch schlechter fühlt, wenn es weint *(„Eigentlich darf ich das ja nicht…")*. Übernimmt das Kind die Botschaft des Perfektionismus, kann dies im Leben auch zu viel Stress führen. Menschen machen Fehler und der Drang nach Perfektionismus kann zu viel Frust führen, wenn dann doch Fehler gemacht werden. Diese Botschaften setzen sich zu einem Lebensplan zusammen. Der Lebensplan wirkt wie ein Drehbuch im Leben der Menschen. Er beinhaltet Überzeugungen *(„Männer müssen stark sein")*, Glaubenssätze *(„Ich kann kein Mathe")* und Anweisungen für konkrete Rollen (*„Als Chef darfst du dir nichts gefallen lassen!")*. Lebenspläne werden direkt und indirekt durch Eltern geformt. Zum Beispiel kann das Kind auch Dinge durch Dritte über sich hören. Botschaften, die in einem Streit geäußert werden oder in einer stressigen Situation, übernimmt das Kind zu einer größeren Wahrscheinlichkeit in seinen Lebensplan.

Die folgende Geschichte soll die Wirkung der Botschaften auf den Alltag verdeutlichen: Schon seit der 1. Klasse hört Annika ihren Vater immer wieder sagen: *„Du bist eine Frau. Frauen können nicht so gut logisch denken!“* Bestärkt wird diese Botschaft mit der folgenden Erläuterung: *„Später musst du dich um den Haushalt kümmern, da brauchst du das logische Denken nicht.“* Annika hört das immer wieder und bekommt plötzlich selbst Bestätigungen für die Botschaft: Ihre Mutter ist ja auch Hausfrau und besonders gut denken kann sie auch nicht. Die letzte Mathearbeit wurde gerade so mit der Note Vier noch bestanden. Sie übernimmt die Botschaften des Vaters und diese wirken wie selbsterfüllende Prophezeiungen. Allein durch die Erwartung wird das Verhalten durchgeführt und so erlebt. Wenn Annika im Matheunterricht sitzt und keine Lust darauf hat, wird sie sich daran erinnern: *„Ich kann das eh nicht!“*. Damit kann sie auch Motivationstiefs und schlechte Noten rechtfertigen. Gegen den Lebensplan anzukämpfen, kann anstrengend und der Preis hoch sein. Oft wird das Ereignis dann uminterpretiert: *„Die Zwei in der Mathearbeit war halt Glück.“* Oder mit anderen Glaubenssätzen gerechtfertigt: *„Auch ein blindes Huhn findet mal ein Korn.“*

Neue Erfahrungen im Leben führen zur Bestätigung des Lebensplans. Es gibt jedoch auch Ereignisse, die zu einer Veränderung führen können. Was gibt es nun für Lebenspläne und Botschaften? Wie kann ich die Botschaften entschärfen?

Abwertung in der Familie

Eltern werten Dinge und auch Menschen ab. Sie gehen dabei in die Haltung *„Ich bin OK – Du bist nicht OK!“*. Kinder merken sich solche Abwertungen und nehmen sie in ihren Lebensplan auf. Daraus kann sich ein komplexes Wertesystem entwickeln. Zur Verdeutlichung folgt jetzt eine kurze Geschichte:

Marie spielt gerne mit den Nachbarskindern am Waldrand. Sie bauen Hütten, machen viele Witze und klettern auf Bäume. Marie macht das einen riesigen Spaß. Ihre lustigen Erlebnisse möchte sie beim Abendessen ihren Eltern erzählen. Sie bemerken ganz schnell, wie gut ihre Tochter drauf ist: *„Marie! Du hattest ja wohl einen klasse Nachmittag, oder?“* Marie lacht und sagt: *„Ja. Es war total lustig mit den Nachbarskindern. Ich habe sogar eine eigene Hütte aus Ästen gebaut.“* - *„Hast du etwa mit den Kindern der Büdorfs gespielt?“*, fragt ihr Vater ernst. *„Ja klar, die sind total cool!“* Der Vater erschrickt und befiehlt: *„Mit denen spielst du nicht, die sind faul!“*

Maries Vater wertet ihr tolles Erlebnis ab. Er bezeichnet die Nachbarskinder als faul und verbietet ihr, mit ihnen zu spielen. Diese Abwertung führt bei Marie zu viel Frust und Enttäuschung. Sie kann sich nun heimlich mit den Nachbarskindern treffen oder die Botschaft des Vaters akzeptieren: *„Vielleicht ist doch etwas dran. Ihre Eltern arbeiten ja nicht. Nachher werde ich auch faul."* Eine Abwertung muss aber nicht zwingend mit einem Verbot verbunden sein. Eltern können auch so schlecht über andere Familien sprechen: *„Unsere Familie ist besser, weil wir so gut den Müll trennen. Die Meiers trennen den nie!"* Die Aussage muss noch nicht mal direkt an das Kind gerichtet sein. Es reicht, wenn die Mutter das ihrem Mann erzählt und das Kind es mitbekommt. Das Kind merkt sich die Botschaft: *„Wir sind OK, die sind nicht OK. Wer Müll vernünftig getrennt, ist besser und bekommt positive Zuwendung."*

- *Welche Abwertungen nimmst du im Alltag vor?*
- *Welche Botschaften wirken in deinem Script?*

Banale Lebenspläne

Es gibt verschiedene Arten von Lebensplänen. Manche sind harmlos oder gar produktiv. Andere Lebenspläne hingegen sind einfach nur banal. Das Konzept der banalen Lebenspläne stammt von Claude Steiner *(„banal scripts“).* Banale Lebenspläne setzen sich aus einfachen Überzeugungen zusammen. Eltern geben ihre banalen Überzeugungen an ihre Kinder weiter. Diese Botschaften erzeugen viele Vorurteile. In der Persönlichkeitsentwicklung von Kindern und Jugendlichen ist es wichtig, ihr kritisches Denken zu schärfen. Die banalen Botschaften engen jedoch das Denken stark ein, anstatt es kritisch zu schärfen. Sie schaffen einfache Stereotype und können später zu einem undifferenzierten Schwarz-Weiß-Denken führen.

Beispiele für banale Botschaften sind:
„Jungen weinen nicht“
„Als Mann musst du stark sein!“

Beide Botschaften sind klassisch banal und erzeugen eine Geschlechterdifferenzierung zwischen dem harten männlichen Geschlecht und dem weichen weiblichen Geschlecht. Gefühle werden unterdrückt und eine scheinbare Härte inszeniert.

„Du musst das gleiche werden wie ich, sonst bin ich enttäuscht!“

Die Botschaft kann mehr oder weniger direkt vermittelt werden und zwingt das Kind in ein Dilemma. Soll es nun den gleichen Beruf ergreifen wie sein Vater? Auch wenn es vielleicht andere Interesse hat? Soll es die Enttäuschung in Kauf nehmen?

„Als Mädchen kannst du eh kein Mathe.“
„Tochter, überprüfe das nicht.“

Das sind banale Botschaften an Mädchen und erzeugen ebenfalls Geschlechterstereotype. Viele Mädchen glauben dann wirklich, dass sie Mathematik nicht können und ihre gesamte Motivation für das Fach sinkt ab. Die letztere Aussage ist eine Leugnung vom rationalen Denken, die nicht nur bei Mädchen häufig in Familien kommuniziert wird. *„Bitte denke nicht nach. Überprüfe das nicht selbst.“* Das Kind fragt seine Mutter beim Frühstück: *„Warum meckerst du Papa an, wenn er den Müll nicht rausbringt, aber du hast schon seit Wochen nicht abgespült?“* Ihre Mutter weiß sich nicht anders zu helfen und schimpft: *„Sei still du vorlaute Göre!“* Offensichtlich hat das Kind Recht und die Mutter fühlt sich ertappt. Als einzigen Ausweg verbietet sie dem Kind einfach, zu denken bzw. die Gedanken zu äußern. Die Leugnung des Denkens kann die Problemlösungsfähigkeit einschränken. Kinder und Jugendliche inszenieren sich später oft als Opfer und behaupten, bestimmte Probleme nicht lösen zu können oder leugnen ein Problem.

- *Welche banalen Botschaften hast du in deiner Kindheit bekommen?*
- *Wie bist du im weiteren Verlauf des Lebens damit umgegangen?*
- *Welche banalen Botschaften gibst du weiter?*

Positive und negative Einschärfungen

Das Wort „Einschärfung" wird in der deutschen Sprache selten benutzt. Ich übersetze es gerne recht frei mit folgender Metapher: Wenn man einen Weg entlanggeht, können kleine und große Steine dort auf den Weg gelegt werden. Steine, die den Weg versperren, sind negative Einschärfungen. Sie erschweren den Weg durch das Leben. Das können zum Beispiel Verbote sein. Positive Einschärfungen erleichtern den Weg. Der Weg ist durch sie asphaltiert und leicht zu gehen. Es sind motivierende Worte und positive Botschaften. Dazu zählen auch Erlaubnisse, wie zum Beispiel: *„Es ist ok, wenn du einen Fehler machst."* Positive Zuwendung ist auch eine Form von positiver Einschärfung.

Nochmal kurz zur Wiederholung: Es ist wichtig, dass Anweisungen positiv formuliert werden. Mit *„Nicht herumtoben! Nicht schreien!"* kann die rechte Gehirnhälfte eher wenig anfangen. Es kommen immer wieder die Begriffe „herumtoben" und „schreien" in das Bewusstsein. Besser ist es, die Anweisungen so zu formulieren: *„Verhalte dich ruhig! Sei leiser!"*

Verbote als negative Einschärfung sind oft ein Spiegel der Eltern. Sie spiegeln meist die Vorstellungen der Eltern wieder. *„Nicht singen!", „Nicht lachen!".* Warum soll das Kind gerade nicht lachen? Warum soll es gerade nicht singen? Was hat das mit ihnen als Elternteil zu tun? Oft spiegeln Verbote bestimmte Bedürfnisse und Verhaltensweisen der Eltern wieder: *„Mein Kind*

soll das nicht machen" oder „Ich brauche jetzt meine Ruhe.". Leider werden die Bedürfnisse meist nicht offen kommuniziert, denn es ist oft einfacher, Verbote auszusprechen, als die Umstände zu erläutern.
Wenn das Kind Angst vor Fehlern hat, sage ich ihm regelmäßig, dass es auch mal einen Fehler machen darf?

Die SEI NICHT! – Botschaft

Erik möchte unbedingt mit seinen Freunden in den Urlaub nach Mallorca fahren. Seine Mutter findet die Idee grundsätzlich sehr gut, aber es ist aktuell für die Familie nicht bezahlbar. Erik kann das nur schwer verstehen: *„Papa arbeitet doch den ganzen Tag, warum könnt ihr mir das nicht bezahlen?"* Seine Mutter wird sauer: *„Wenn du nicht wärst, hätte ich auch eine tolle Karriere machen können und wir hätten viel Geld!"*

Die *Sei nicht*-Botschaft ist die schlimmste Botschaft, die Eltern an Kinder weitergeben können. Ohne dich hätte ich was anderes machen können! Natürlich meinen die meisten Eltern diese Botschaft nicht vollkommen ernst. Sie ist in einer hitzigen Diskussion schnell ausgesprochen. Trotzdem ist sie ausgesprochen und entfaltet ihre Wirkung. Hören Kinder diese Botschaft öfters, können sie folgende Entscheidungen für ihren Lebensplan fällen:

Ich sollte mich brav verhalten und keinem zur Last verfallen. Viele Kinder werden als erwachsene Menschen auch extrem hilfsbereit.

Äußere keine *Sei nicht*-Botschaften gegenüber deinen Mitmenschen!

Die SEI NICHT DU! - Botschaft

Jeder Mensch ist einzigartig. Selbstverständlich sind sich Familienangehörige oftmals ähnlicher, verglichen mit fremden Menschen. Bei der *Sei nicht du*-Botschaft wird jedoch ein Vergleich vorgenommen, der negative Nachwirkungen mit sich bringen kann. *„Du bist wie dein Onkel!“, „Du kommst genau nach mir, mein Junge!“* Es ist sehr unwahrscheinlich, dass ein Mensch genau wie ein anderer Mensch ist. Selbst bei eineiigen Zwillingen ist das nicht der Fall. Diese Botschaft unterstellt es aber. Neben dem Vergleichsmerkmal, das ja durchaus stimmen kann, greifen Kinder jedoch auch andere Merkmale in den Vergleich auf: Ich kann auch so klasse Klavierspielen wie Onkel Hugo. Aber bin ich auch so arrogant wie Onkel Hugo?!

Auch wenn Vergleiche positiv gemeint sind, verzerren sie die Wirklichkeit und können sich negativ auf die Persönlichkeitsentwicklung auswirken.

Die ZEIG KEINEN ÄRGER! – Botschaft

Jens hat sich drei Wochen intensiv auf eine Englischarbeit vorbereitet. Dabei hat er auf viel Freizeit verzichtet und sich voll und ganz auf das Lernen konzentriert. In der Englischarbeit fragt der Lehrer jedoch Inhalte ab, die vorher kaum im Unterricht besprochen wurden. Total verärgert kommt er nach Hause und schimpft: *„Das regt mich auf! Das ganze Lernen war für die Katz!“* Sein Vater geht zu ihm, legt ihm den Arm auf die Schulter und spricht: *„Jens, ärgere dich nicht darüber. Beim nächsten Mal wird es besser.“* Sein beruhigender Ratschlag klingt zunächst nett und ist sicherlich auch so gemeint. Bei dieser Botschaft wird Jens allerdings aufgefordert, ein angebrachtes Gefühl zu unterdrücken. Es kann ein Ersatzgefühl entstehen und er lernt, seinen Ärger künftig nicht zu äußern.

Menschen sollten lernen, angebrachten Ärger auch zu äußern, ansonsten kann das zu mangelnder Durchsetzungskraft führen.

Die SEI NICHT ERFOLGREICH! – Botschaft

Insbesondere überbehütete Kinder bekommen diese Botschaft oft mit auf den Weg gegeben. Die Eltern trauen dabei Ihrem Kind eher wenig zu oder sind nie zufrieden mit dem Kind. Egal, wie sehr es sich anstrengt, an die Maßstäbe der Eltern kommt es nicht ran. *„Das schaffst du nicht! Du bist ja eher mittelmäßig begabt!"*. Die Botschaft kann im Lebensplan wirken und die Kinder später nicht an ihren Erfolg glauben lassen.

- *Reflektieren die einzelnen Botschaften für dich.*
- *Welche Botschaften bekamst du oft zu hören?*
- *Welche Botschaften gibst du weiter?*

Das Große ist nicht, dies oder das zu sein,
sondern man selbst zu sein.

Søren Aabye Kierkegaard

Die Antreiber im Lebensplan

Ein weiterer zentraler Aspekt des Lebensplans sind die fünf Antreiber. Das sind Grundüberzeugungen, die das Handeln von Menschen bewusst und unbewusst antreiben. Im negativen Fall können sie viel Stress erzeugen. Es folgt eine Geschichte, um die Wirkung der Antreiber zu verdeutlichen.

Es ist Sonntag und die große Uhr im Wohnzimmer von Familie Heidewald zeigt Punkt 15 Uhr an. Vater Heidewald sitzt schon seit zehn Minuten am Wohnzimmertisch und wartet auf Kaffee und Kuchen. Mutter Heidewald bereitet in der Küche den Kuchen vor und ihr gemeinsamer Sohn Lukas ist immer noch nicht zu Hause. *„Lukas ist wieder unpünktlich! Das hat er wohl von dir! Mach mal schneller mit dem Kuchen, ich habe Hunger!“*, ruft Vater Heidewald ungeduldig. Mutter Heidewald ist jetzt immer genervter. Das Obst auf dem Kuchen liegt nicht vernünftig angeordnet und den Kaffee muss sie neu kochen, denn beim Probieren stellt sie fest, dass wohl ein bis zwei Löffel zu viel Kaffeepulver drinnen sind. Sohn Lukas kommt um 15.10 Uhr nach Hause und setzt sich zu seinem Vater. *„Na mein Sohn, auch schon da?“*, fragt sein Vater vorwurfsvoll. *„Ja. Und du? Sitzt du wieder seit halb drei hier am Tisch und wartest ungeduldig?“*, erwidert Lukas. *„Deine Mutter ist nicht die schnellste Person. Dauert wieder* *ewig hier!"*, meint sein Vater. Mutter Heidewald kocht gerade den Kaffee neu und dekoriert den Kuchen um. Da fällt ihr auch noch auf, dass auf einer Tischdecke ein kleiner Fleck ist. *„So kann das nicht bleiben!"*, ruft sie ihrem Mann zu. Er wird jetzt total wütend und brüllt: *„Es ist fast halb vier. Ich bin fast verhungert, weil du so langsam bist!"* Er knallt die Tür zu und rennt in den Garten. Mutter Heidewald und ihr Sohn essen zehn Minuten später einen nahezu perfekt dekorierten Kuchen.

Durch welchen Antreiber wird der Vater, und durch welchen Antreiber die Mutter primär angetrieben? Lies die Erläuterungen auf den nächsten Seiten durch und versuche, die passenden Antreiber zu finden.

Antreiber sind nicht permanent aktiv, sie werden durch bestimmte Situationen aktiviert und steuern dann das Handeln. Je nach Ausprägung des Antreibers kann das mal sehr stark ausfallen und mal weniger stark. Das hängt auch von der Situation ab.

Sei perfekt!

Menschen mit dem *Sei perfekt*-Antreiber geben sich nicht mit guten, sondern nur mit sehr guten Leistungen zufrieden. Alles muss perfekt und fehlerfrei sein. Es zählt nur das Beste für sich und es muss alles super laufen. Fehler sind nicht tolerierbar.

Das Problem ist: Menschen machen von Natur aus Fehler. Menschen, die stark von diesem Antreiber getrieben werden, geraten in viel Stress, wenn sie selbst oder andere Menschen Fehler machen. Dann aktiviert sich der Antreiber und Konflikte entstehen. Sie haben oft Probleme damit, Fehler zuzugeben und kritisieren ihre Mitmenschen bei Misserfolg oft überhart. Ein Misserfolg heißt aber nicht, dass die Person immer scheitern wird. Es gibt keine perfekten Menschen, weil Menschen auch nur Menschen sind. Wenn du das Beste gibst, ist es gut genug.

Ein hilfreiches Mittel ist es, sogenannte Erlauber zu entwickeln und diese regelmäßig zu lesen und aufzusagen. Schreibe den Satz auf einen Zettel. Legen ihn in eine Geldbörse. Übe ihn täglich zum Beispiel durch mehrfaches Wiederholen vor dem Einschlafen, durch lautes Singen beim Duschen oder beim leisen Vor-sich-hin-Sagen während der ersten Tasse Kaffee im Büro. Hier sind ein paar Vorschläge für Erlauber-Sätze:

- *Ich darf auch mal Fehler machen*
- *Ich lerne aus Fehlern*
- *Ich gebe mein Bestes*
- *Nichts wird so heiß gegessen, wie es gekocht wird*

Sei schnell!

„Gute Menschen erledigen Aufgaben sofort und zügig!" - Menschen mit diesem Antreiber sind meist unruhig und ungeduldig. Alles muss ganz schnell gehen. Sie benötigen schnelle Reaktionen aus der Umwelt und es fällt ihnen schwer, länger auf etwas zu warten. Zum Beispiel, wenn die Kollegen etwas länger brauchen. Ruhe erscheint als Verrat an der Dringlichkeit und Entspannung wirkt wie die Aufgabe von Wesentlichem. Sowohl die Handlungen sind meist schnell, zum Beispiel schnelles Gehen, als auch die Sprache ist oftmals schnell und abgehackt. Die Hektik wirkt sich auch auf die Mitmenschen aus. Im Leben muss man schnell sein!

Erlauber-Sätze:

- *Es ist ok, auch mal zu spät zukommen*
- *In der Ruhe liegt die Kraft*
- *Ich lass mir auch mal Zeit*

Streng dich an!

„Gute Menschen müssen es schwer haben! Ohne Fleiß kein Preis!"

Anstrengung ist diesen Menschen sehr wichtig. Harte Arbeit und

Anstrengung ist notwendig, um Ziele zu erreichen. Wenn es um Herausforderungen in der Familie oder im Beruf geht, spüren diese Menschen einen Leistungsdruck. Es entsteht eine Atmosphäre von Anstrengung mit erheblichen Zweifeln am Gelingen. Oft wird von den Mitmenschen ein fast ungesundes Maß an Anstrengung gefordert. Dabei wird nicht beachtet, dass Erfolg auch spielerisch und gelassen erreicht werden kann.

Erlauber-Sätze:

- *Ich nehme es als Herausforderung an*
- *Ich habe schon ähnliche Situationen gemeistert*
- *Ich weiß, was ich kann*
- *Ich kann das aushalten*

Sei stark!

Menschen mit diesem Antreiber versuchen, Schwächen zu verbergen und in jeder Situation stark und selbstbewusst zu wirken. Auch wenn viel Stress und Konflikte in der Familie entstehen, darf nicht über Belastungen geklagt werden. Die Menschen versuchen stets, die Kontrolle zu behalten über die Situation und andere Mitmenschen. Eine große Angst bei diesem Antreiber ist, dass in instabilen Situationen ein Kontrollverlust stattfindet. Dies kann sowohl in der Familie als auch im Beruf passieren.

Erlauber-Sätze:

- *Ich darf auch mal Schwächen zeigen*
- *Es gibt Unterstützung für mich*
- *Ich darf meine Gefühle zeigen*
- *Ich muss nicht alles alleine machen*

Sei gefällig!

Menschen mit diesem Antreiber müssen es allen recht machen. Nur für andere Menschen wird intensiv gesorgt, aber nicht für einen selbst. Meist verwenden sie Redewendungen, die versuchen, die Wünsche und Erwartungen der Gegenüber zu erkunden oder Anpassung daran signalisieren. Nonverbal sind gewohnheitsmäßiges zustimmendes Nicken, gewinnende Gesten und irritierte Blicke, wenn nicht unmittelbar Wirkung erzielt wird, häufig. Es fällt den Menschen oft schwer, NEIN zu sagen und Kritik an anderen Mitmenschen zu äußern. Man will es allen recht machen und voll anerkannt werden. Mitmenschen nutzen den Antreiber oft aus. Sie fordern dann ganz viel Zuwendung, sowohl materiell als auch psychisch.

Erlauber-Sätze:

- *Ich darf auch NEIN sagen*
- *Ich bin gut zu mir*
- *Ich darf andere enttäuschen*
- Ich darf meine Meinung sagen / Ich darf kritisieren

Nimm dir einen Stift sowie Papier und reflektiere deine Überzeugungen. Beispielsweise alles schnell machen zu wollen, es allen recht machen zu wollen. Was sind gute Skripte? Solche Skripte kann man manchmal beim Essverhalten von schlanken Menschen beobachten. Sie haben über Jahre gelernt, was ihnen guttut und wissen, was schlecht für sie wäre. Mir ist schon wichtig, alles perfekt zu machen. Das ist mir sehr wichtig, von daher bin ich total dankbar, dass ich diese Überzeugung habe und dann gibt es vielleicht Skripte, wo du sagst: *„Das schadet mir in der und der Situation, bereitet mir Stress in der und der Situation, belastet mich sehr, sehr stark in der und der Situation"*. Eine Veränderung ist kein Problem, denn es sind nur gelernte Verhaltensweise, die immer wieder wiederholt wurde und sich damit eingebrannt haben im Unterbewussten. Im Seminar *„Selbst- und Fremdanalyse"* kümmern wir uns um die Veränderung der Skripte. Betrachte nicht nur die schlechten Skripte, dazu neigt der Mensch ja gerne, sondern auch die

Verhaltensweise und Gewohnheiten, die gut sind und die es auch mal zu würdigen gilt.

Aus der Psychoanalyse können wir das Persönlichkeitsmodell mit Über-Ich, Ich und Es gut übernehmen. Einmal zur Selbstanalyse, um zu gucken, wie das bei dir aufgebaut ist und wann es vielleicht auch Konflikte zwischen Über-Ich und Es gibt, die dann das ICH kompensieren muss. Aber auch zur Fremdanalyse, um zu schauen: Was geht da genau vor? Wie stark ist etwas ausgeprägt? Das werden wir im nächsten Teil nochmal vertiefen, aber auch das Modell kann bestimmte Erklärungsansätze für Handlungen bieten, gerade in Bezug auf die Abwehrmechanismen.

Wie ist das Persönlichkeitsmodell aufgebaut? Freud ging davon aus, dass wir ein sogenanntes Über-Ich haben. Einen Persönlichkeitsanteil, der unsere Moral und die Werte beinhaltet. Mit klaren Anweisungen: *„Das darfst du tun und das darfst du nicht tun“.* Das heißt, alles was wir an Botschaften haben (du kannst das gut mit der Skripttheorie verbinden), ist im Über-Ich vereint. Es regelt deine persönlichen Vorgaben für *Das macht man, das macht man nicht*. Das alles steckt in diesen Persönlichkeitsanteilen des Über-Ichs. Das Über-Ich kontrolliert dein Verhalten und legt fest: *„Tu das nicht. Tu dies nicht“.* Das bedeutet, wenn du an der roten Ampel stehst, meldet es sich und sagt dem ICH (das Ich ist die steuernde Instanz deiner Persönlichkeit) *„Mach das nicht, geh nicht über die rote Ampel"*. Wie du wahrscheinlich von dir selbst weißt, klappt das nicht immer. Das bedeutet, oft handelt man nicht entsprechend den moralischen Maßstäben und manchmal ist das vielleicht auch ganz gut. Es gibt zwar diese Regeln, aber in manchen Momenten machen die für dich vielleicht gar keinen Sinn. Oder du wägst ab, ob das Einhalten der Regel dir eventuell Nachteile bringt. Wenn du beispielsweise an dieser Ampel stehst und enorm spät für ein sehr wichtiges Vorstellungsgespräch dran bist und weit und breit kein Auto zu sehen ist, du aber weißt, dass genau diese Ampel immer sehr lange rot zeigt, dann wägst du ab. Bei Rot über die Straße gehen und noch pünktlich kommen oder warten und eventuell zu spät kommen. In den meisten Fällen fällt die Entscheidung dann gegen die Einhaltung der Regel. Wenn die Straße jedoch sehr stark befahren ist und das Risiko, dass du einen Unfall erleidest, sehr hoch ist, dann erscheint dir die Pünktlichkeit plötzlich nicht mehr ganz so wichtig. Deine Priorität liegt verständlicherweise auf dem Erhalt deines Lebens und so wirst du dich dafür entscheiden, die Regel einzuhalten.

Dann haben wir noch das ES, Freud hat es *Es* genannt. Das sind die Triebe. Sexualtriebe, Triebe der Lust, des Spaßes, der

Bewegung, des Überlebens. Nehmen wir mal ein ganz konkretes Beispiel. Du hast in ein paar Tagen eine Prüfung vor dir und deine Freunde rufen an und sagen: *„Hey, willst du nicht mal mit uns feiern gehen? Wir wollen heute Abend richtig rausgehen und schön feiern."* Jetzt kannst du dir selbst überlegen, was das Über-Ich dazu sagt: *„Tu das nicht. Es steht eine wichtige Prüfung an und die Prüfungen müssen gut werden. Du willst ja was, du musst ja was machen aus deinem Leben. Du musst ja erfolgreich werden."* Das Es hingegen sagt: *„Hey, da wartet Spaß auf dich! Das wird richtig toll, Lustbefriedigung, und vielleicht siehst du da auch die Liebe deines Lebens und die Freunde sind auch dabei, toll"*. So, das Ich als steuernde Instanz ist jetzt leider in der Position, die das alles abbekommt, einmal aus dem Über-Ich, und auch aus dem Es, die Triebe und das Ich muss entscheiden. Es muss entscheiden. Eine wirkliche Wahl hat es da nicht. Ohne Entscheidung wäre das Ich, und das bist du selbst, handlungsunfähig, wie gelähmt.

Wir werden das bei den Abwehrmechanismen nochmal vertiefen, weil das Ich bei einem Konflikt häufig zu Abwehrmechanismen greift, da die Entscheidung ihm unsagbar schwerfällt, es aber nicht riskieren kann, dass es handlungsunfähig wird. Dass die Entscheidungsfindung es lähmt. Es gibt viele Mechanismen, die dort relevant sind und die je nach Situation zum Tragen kommen, aber wichtig ist, auch in punkto der persönlichen Entwicklung, dieses Ich zu stärken.

Was bedeutet das? Das bedeutet, dass du dir einfach bewusster wirst über bestimmte Entscheidungen. Dass du im Alltag merkst, wie die aktuelle Situation aussieht und was sie dir abverlangt. Du wirst von deinen moralischen Vorstellungen oder von deinem Über-Ich immer wieder die Botschaft bekommen: *„Mach das nicht und das nicht und das nicht"*, und dein Inneres, deine Gefühle, und auch deine Triebe sagen das Gegenteil. *„Mach das!"* ist ihre Botschaft, und dann haben wir den Konflikt. Diese Konflikte ganz du bewusst erleben und damit auch lösen. Rufe dir in dein Bewusstsein: *„Ich entscheide mich jetzt bewusst."* Im ersten Schritt solltest du dich gar nicht direkt auf eine Position einlassen. Beides hat seine Vor- und Nachteile, diese kannst du gegeneinander abwägen. Nicht immer sind die Vorteile überzeugend genug, manchmal ist auch ein enormer Nachteil, der durch eine Entscheidung entstehen kann. Um diesen zu vermeiden, entscheiden wir uns dann entsprechend. Vielleicht findet sich sogar ein Kompromiss. Bezogen auf den Fall mit dem Lernen und der Party wäre folgende Lösung möglich: *„Ich höre jetzt auf das Über-Ich und lerne noch was und gehe dann nach der Prüfung richtig toll feiern."* Das kann dazu führen, dass das Es schon befriedigt ist, wenn es weiß, okay jetzt nicht, aber in einer Woche, nach der Prüfung, da wird ordentlich gefeiert. Das kann so einen inneren Konflikt schon lösen, je nach Stärke. Die Stärkung des Ich führt dann dazu, dass du als Persönlichkeit bewusster durch den Alltag gehst und bemerkst, dass du diese Konflikte lösen kannst und gar nicht so stark auf Abwehrmechanismen zurückgreifen musst.

So kannst du dich im Alltag und auch jetzt fragen, in welchen Situation du sehr stark triebgesteuert bist. Wie groß ist dein Es, wie stark beeinflusst dich das? Handelst du immer wieder impulsiv, um zu sagen: *„Darauf habe ich Bock, darauf weniger und guck mal, was da passiert"*, oder bist du sehr stark von der Moral, von deinen Werten, gesteuert? Von deinem Über-Ich? Auch das muss nicht immer so gut sein, weil man immer sagt, dass etwas so und so passieren muss und nicht anders geht. Man wird dann in seinen Handlungen vollkommen unflexibel. Das kann natürlich auch schon zwanghafte Züge annehmen. Im besten Fall sagst du dir: *„Ich kann damit eigentlich ganz gut umgehen, wenn ich das merke, und versuche, da eine Balance zu finden. Ich denke, eine Balance ist da das Sinnvollste"*. Denke über das Zusammenspiel nach. Auf die Art kannst du auch bei anderen Personen Entscheidungen besser nachvollziehen. Zum Beispiel hatte eine Dame mir mal geschrieben, dass sie zum BWL-Studium nach Münster zieht und ich habe die Entscheidung nicht verstanden, weil sie in Mathe nicht so gut ist und auch nicht ein Fan von Mathe war. Und warum nach Münster? Immerhin wusste ich von ihr, dass sie an Köln als Stadt sehr hängt. Das hat mich sehr gewundert. Da habe ich sie gefragt: *„Wie kommt denn das?*

Warum Münster und warum BWL? Das passt doch gar nicht zu dir.“ Dann meinte sie: *„Ja, aber meine beste Freundin, die geht auch nach Münster und studiert da BWL und ich weiß ja nicht genau, was ich machen soll und ich denke auch, wir haben uns ja so gerne. Mensch, wir kennen uns schon seit dem Kindergarten und sind beste Freunde und deswegen geh ich mit.“* Aus welcher Instanz wurde diese Entscheidung getroffen? Aus dem Es heraus, von Trieben geleitet. Spaß und Freundin, klingt gut! Das ist eine sehr stark emotional beteiligte Entscheidung. Vielleicht kommt sogar aus dem Über-Ich diese Botschaft und Anweisung: *„Lass deine Freundin nicht im Stich und Freundschaften sind das wichtigste im Leben.“* Das kann eine Botschaft gewesen sein im Über-Ich bzw. im Skript der Person. Wenn das Ich jetzt stark genug ist, kann das Ich rational abwägen und prüfen: Will ich das wirklich? Macht das überhaupt Sinn? Also mal zu gucken, aus welcher Intention, aus welchem Motiv treffe ich diese Entscheidung und dann merkt man vielleicht, dass es doch irgendwie keine gute Idee ist oder es auch sein kann, dass die Entscheidung gefällt wird getreu dem Motto *„Ja okay stimmt, eigentlich macht das doch Sinn, das so und so und so zu machen.“* Man wägt ab, guckt, wie treffe ich überhaupt die Entscheidung. Wie stark sind die Triebe daran beteiligt, das Emotionale, und wie stark ist das mit einer Botschaft im Zusammenhang aus dem Über-Ich verbunden? Erst, wenn man diese beiden Seiten rational miteinander vergleicht und die vorliegen Fakten gegeneinander abwägt, ergibt sich ein wirklich klares Bild und Entscheidung können bewusst getroffen werden.

Das Ende der Geschichte war, dass die Dame im ersten Semester sowohl das Studium als auch Ihre Freundschaft abgebrochen hat. Ihre beste Freundin hatte eine Beziehung begonnen, mit jemanden, den sie kennengelernt hatte und hatte nicht mehr viel Zeit für die betroffene Dame. Sie ist dann wieder zurück nach Köln gekommen. Natürlich hätte die Geschichte auch ganz anders ausgehen können. Vielleicht hätte die Freundschaft ewig gehalten oder sich durch die gemeinsame Erfahrung des Studiums noch verstärkt oder das Studium hätte der Dame überraschend gefallen, aber Fakt ist, dass die Dame aus den falschen Motiven das Studium und den Umzug unternommen hat. Sie stand nicht wirklich hinter ihrer Entscheidung, denn sie fällte sie nicht rational, sondern emotional. Sie wollte bei ihrer Freundin sein, hatte vermutlich Angst, sonst den Kontakt zu ihr zu verlieren. Daran ist nichts verwerflich, doch sie hätte sich vielleicht auch einige schlechte Erfahrungen ersparen können, wenn sie für sich persönlich darauf geachtet hätte, eine Balance zu finden. Bei den Abwehrmechanismen werden wir das Ganze auch nochmal vertiefen, aber vorher würde ich gerne genauer auf die Life-Events zu sprechen kommen.

Der Einfluss von Life-Events auf unser Leben

Life-Event sind keine Konzerte, können aber durchaus auch Konzerte sein. Damit sind erstmal besondere Lebensereignisse gemeint. Das kann der Übergang sein von der Grundschule auf die weiterführende Schule. Das kann eine Hochzeit sein. Das kann ein Todesfall sein von einem Freund oder einem Familienmitglied. Das kann die Geburt der eigenen Kinder sein. Das sind alles Lebensereignisse, sogenannte Life-Events. Und die Life-Events können einen entscheidenden Einfluss auf die Persönlichkeit und natürlich auch auf den Kerncharakter haben. Sehr häufig sogar auf den Kerncharakter. In dem meisten Fällen bedarf es dafür allerdings eines sehr starken Life-Events. Life-Events sind per se nicht bedeutsam. Nicht jedes Event, das mir passiert, würde für dich die gleiche Bedeutung haben. Es gibt Leute, die sagen: *„Okay, jetzt heirate ich halt und man hat auch irgendwelche steuerlichen Vorteile und fertig.“* Für andere wiederum ist das ein ganz großer Moment. Genauso kann ein Todesfall für eine Person sehr traurig sein und sehr, sehr einschneidend und eine andere Person denkt: *„Naja so gut haben wir uns auch nicht verstanden und irgendwie hat er auch bis zum Ende, sehr, sehr gelitten, von daher ist es* *eigentlich ganz gut, dass der jetzt quasi erlöst ist von seinem Leid und ich auch weniger Belastung habe"*. Wichtig ist, du alleine gibst dem Moment und dem Ereignis die Bedeutung. Du alleine entscheidest, wie bedeutsam das jetzt für dich ist.

Überlege dir mal selber, nimm ein Blatt Papier und überlege dir, was für Life-Events es bei dir im Leben gegeben hat. Ich empfehle, dass du eine Linie ziehst, von oben nach unten. An der Linie notierst du alle deine Lebensjahre. Wirklich jedes einzelne. Wie du das machst, steht dir gestalterisch natürlich frei. Und dann gehe die ganzen Jahre einmal durch. Ich weiß, das kostet Zeit, möglicherweise sogar ein paar Stunden. Es ist auch anstrengend, wirklich alle Jahre durchzugehen und zu überlegen, was für besondere Erlebnisse es da gab, und diese dann einfach mal zu notieren. Wirklich jedes Jahr durchzugehen und dann zu notieren, was für ein Lebensereignis das war und was es für mich bedeutet. Nicht alle Ereignisse sind uns sofort bewusst. Die ganz großen fallen uns natürlich sofort ein. Hochzeit, Geburt der Kinder, Weltreise, etc. Manchmal sind es aber Kleinigkeiten, zum Beispiel ein Auslandsaufenthalt, so dass du sagst: *„Ich war da mal in den USA, in England, Australien, wo auch immer, und das hatte einen besonderen Einfluss, weil ich das und das dort gelernt habe"*. Ein Lebensereignis muss nicht unbedingt positiv sein. Manche sind positiv, so dass du sagst, dass du davon etwas gelernt hast, oder es ein entscheidender Schritt für deine Weiterentwicklung war.

Aber es kann auch etwas Negatives sein, so dass du sagst: *„Das war nicht so gut und hat mich geprägt, dass ich etwas pessimistischer geworden bin, durch das, was ich da erlebt habe“.*

Eigenheiten, die werden schon haften;
Kultiviere deine Eigenschaften!

Johann Wolfgang von Goethe

Es geht darum, das einfach zu analysieren, eine Timeline zu erstellen, einen Zeitstrahl, und wirklich deine Lebensereignisse zu prüfen. Nicht jedes Lebensereignis hat eine starke Veränderung als Folge, auch wenn das Ereignis an sich besonders wichtig war. Manchmal wird das auch überschätzt, so dass die Leute sagen: *„Da habe ich das und das erlebt. Da war ich auf dem und dem Seminar und jetzt bin ich ein ganz anderer Mensch“*, oder *„Ein halbes Jahr in Amerika, jetzt komm ich wieder und bin ganz anders“*. Man hat sicherlich immer eine Erfahrung gewonnen, aber nicht immer hat das eine entscheidende Auswirkung auf die Persönlichkeit. Oft hat sich nach ein paar Monaten dann alles wieder so eingependelt, wie der Charakter das vorgibt. Die Skripte sind dann wieder stärker, das Erlebte rückt in den Hintergrund. Eine Charakterentwicklung ist nochmal eine ganz andere Hausnummer.

Ein Charakter ist ein vollkommen gebildeter Wille.

Novalis

Bei anderen Menschen ist das auch immer spannend zu beobachten, was für Lebensereignisse sie hatten. Ich frage gerne mal nach, was entscheidende Erlebnisse im Leben der Person waren. Was hast du daraus mitgenommen? Was hast du aus diesen Ereignissen gelernt? Bezüglich der Entwicklung ist es so, dass wir uns automatisch entwickeln. Skripte verändern sich auch mal. Wir haben Erfahrungen und gleichen das immer wieder mit unseren Dispositionen, mit unseren genetischen Veranlagungen, ab. Mal werden Sachen gefördert, mal weniger gefördert und wir selbst haben natürlich auch durch die Umwelt eine Möglichkeit, uns zu verändern. Eine Person, die jetzt introvertierter ist, muss nicht so bleiben. Sie kann auch einfach sagen: *„Das ist mein Ist-Zustand, ich bin sehr introvertiert."* Dann überlegt sie sich, wie es denn nach ihrem Wunsch sein soll. *„Ich möchte mehr auf andere Menschen zugehen können"*, könnte beispielsweise ein Wunsch sein. In Diskussionen auch mal seine Meinung sagen und sie vertreten zu können, wäre eine andere Möglichkeit. Und dann kann die Person prüfen und vergleichen, Ist und Soll, wie stark ist die Diskrepanz. Wie stark geht das auseinander? Dann kann man schauen, was für Schritte notwendig sind, um diese Diskrepanz aufzulösen Zum einen bestünde da die Möglichkeit, an der Körpersprache zu arbeiten. Diese strahlt nicht nur sehr viel aus, sie gibt auch demjenigen selbst eine gewisse Sicherheit. Je nachdem, wie man sich hinstellt, hat man ein anderes Körpergefühl und das nimmt man auch in ein Gespräch mit. Körpersprache kann ein Schritt sein. Oder sich vielleicht potenziell angsterzeugenden Situationen zu stellen. Wenn die genannte Person beispielsweise gerne ihre Meinung in Gesprächen deutlicher vertreten möchte, aber Angst vor der Gegenantwort oder der gesamten Gesprächssituation hat, dann ist es sinnvoll, genau daran zu arbeiten. Macht das Gespräch oder die Diskussion gar keine Angst mehr, ist es auch kein Problem mehr, seine eigene Meinung zu äußern.

So kannst du das auch machen. Du überlegst dir, was gerade nicht gut läuft und wie du es gerne hättest. Was ist der Ist-Zustand und was sind die entscheidenden Aspekte? Das können Persönlichkeitsmasken sein, die dir nicht passen, aber auch Merkmale von deinem Charakter, die du gerne anders hättest, um einfach ein angenehmeres, besseres Leben zu führen. Guck dir an, was es zu tun gibt und mache dir notfalls eine Schritt-für-Schritt-Anleitung, denn niemand kann so Grundlegendes in einem Schritt ändern. Dein Plan könnte dann so aussehen: *„Schritt 1: Körpersprache ändern und üben, Schritt 2: Gesprächssituationen* *üben, erst klein und dann immer größer."* Man muss sich dafür keine fixen Termine festlegen. Einfach ein paar Wochen mal auf die Körpersprache achten, selbstbewusster, gerader aufzutreten, andere Gestik und Mimik anzutrainieren. Dann mit dem nächsten Schritt weitermachen, usw. Schau dir danach an, woran du noch arbeiten darfst, um an dein Ziel zu kommen. Zum Beispiel, mal deine Stärken zu prüfen und sie dir klarzumachen oder ein bestimmtes Lernen am Modell fortzuführen und zu gucken, was andere Menschen machen – Wie treten die auf? Was sagen die? Was wählen die für Wörter?

Wichtig ist, dass du den Sollzustand selbst festlegst, niemals von jemand anderes was übernimmst oder vielleicht sogar auferlegt bekommst. Vor allem Eltern können ihre Erwartungen oft auf ihre Kinder projizieren. Die Mutter, die immer berühmt werden wollte, erwartet diese Ambition auch vom Kind oder der Vater, der nie Profisportler werden konnte und nun seinen Sohn bis an die Grenzen treibt. Nicht die Ideale der anderen sollten dein Ziel sein. Nicht das, was andere von dir erwarten. Hält dich jemand für zu schüchtern, du bist aber damit vollkommen zufrieden, dann ist das sein Problem und nicht deins. Verkehrt wäre zu sagen: *„So muss es sein, so ist die erfolgreiche Persönlichkeit definiert. Die bringt die und die Eigenschaften mit und das muss ich jetzt genau so machen."* Das ist nicht Sinn der Sache. Prüfe, was dir wichtig ist. Vielleicht bemerkst du sogar bei der Prüfung, dass der Ist-

Zustand gar nicht so schlimm ist und dich nicht wirklich stört. Ein umfassendes Selbststudium hilft dir dabei, dich besser kennenzulernen. Dafür kannst du Bücher lesen, Fortbildungen und Seminare besuchen, mit anderen sprechen und dich selbst reflektieren, um daran zu arbeiten und dich so Stück für Stück zu entwickeln.

Im dritten Teil werden wir das gleich nochmal intensiveren, nochmal genauer auf Abwehrmechanismen schauen, Grundmotive, Bedürfnisse, die „Big Five“ anschauen. Das ist das Kernpersönlichkeitsmodell der Psychologie. Außerdem werden wir uns auch Typologien zur Analyse genauer anschauen.

- *Erstelle deine Timeline: Welche Turning-Points in deinem Leben waren entscheidend?*
- *Was konntest du aus den Life-Events lernen?*
- *Was für geplante Life-Events stehen an?*

TEIL 3 – DIE ABWEHRMECHANISMEN DER PERSÖNLICHKEIT

Herzlich willkommen zum dritten Teil im Bereich Persönlichkeitsanalyse. Jetzt werden wir uns intensiv mit den Abwehrmechanismen beschäftigen. Wir werden uns ansehen, warum Personen so handeln wie sie handeln, einmal du selbst, aber auch deine Mitmenschen. Um das besser zu erkennen, beschäftigen wir uns mit Grundbedürfnissen und mit den *„Big Five"*. Das ist das Persönlichkeitsmodell der Psychologie und du kannst es zielführend für dich nutzen, um andere Menschen besser einschätzen zu können. Wir schauen uns auch konkrete Typologien an und Typenanalysen, auch um zu analysieren, wie du mit bestimmten Leuten besser umgehen kannst. Zunächst nochmal der Hinweis an dich: Nimm dir auch hier wieder ein Stift und ein Blatt Papier. Du wirst überrascht sein, wie schnell du lernst, andere Leute besser einzuschätzen.

Die Abwehrmechanismen

Der erste und wahrscheinlich berühmteste Abwehrmechanismus der Persönlichkeit ist die sogenannte Verdrängung. Wie du aus dem letzten Teil schon weißt, haben wir das Über-Ich, das Ich und das Es. Das Ich wehrt sich dann bei diesen Konflikten zwischen Moral und Werten und den Trieben. Ist eine Entscheidung für das Ich unmöglich, wehrt es sich mit bestimmten Abwehrmechanismen und bei der Verdrängung werden Erlebnisse ins Es verdrängt. Das heißt, wir erleben irgendetwas, zum Beispiel einen schweren Autounfall und das verarbeiten wir nicht, sondern haken das mehr oder weniger rational ab. Zumindest denken wir das. Wir wollen uns nicht damit beschäftigen, sondern verschieben das einfach und denken, dass es sich damit erledigt hat. Aber in Wirklichkeit wird das alles, diese Energie, dieser Schock, vielleicht auch die Trauer, einfach ins Unbewusste verdrängt. Damit schützen wir uns vor bedrohlichen Einflüssen. Es muss ja nicht unbedingt gut sein, in jeder Situation jedes Gefühl wirklich bewusst durchzuarbeiten. Manche Dinge können auch so belastend sein, dass sie die Psyche so enorm stören würden, dass diese nicht mehr vernünftig weiterarbeiten kann. Ein Schock oder vor allem auch ein Trauma würde dann das ganze Leben so stark beeinflussen, dass ein halbwegs normales Weiterleben gar nicht möglich ist. Das kann sehr belastend sein, weil unser Gehirn ist es wichtig, dass wir handlungsfähig sind und unser Überleben sichern können. In manchen Situationen ist es gut, Sachen auch mal kurz beiseite zu schieben und dann handlungsfähig zu bleiben und bestimmte Dinge wirklich aktiv anzugehen. Manchmal jedoch ist es auch sinnvoll, sich mit Sachen direkt zu beschäftigen, denn nur so lernen wir uns selber kennen und verstehen.

Selbsterkenntnis ist sich selber aufstöbern.

Manfred Hinrich

Nahezu alles, was du an negativen Erlebnissen verdrängst, kommt irgendwann wieder hoch. Das kann bewusst passieren, dass du dich einfach wieder daran erinnerst, weil du darüber nachdenkst. Das kann aber auch unbewusst passieren. Das bedeutet, dass wir Situationen erleben, in denen wir uns dann plötzlich total traurig und fertig fühlen, im Stimmungstief sind, aber nicht wissen, warum.

Ein Beispiel dazu: Ein Mann war beim Konzert seiner Tochter. Sie ist 14 Jahre alt, spielt Klavier und eigentlich war es ein superschöner Moment, alles toll und der Mann hätte eigentlich vor Stolz und Glück nur so strahlen müssen, doch er war so todtraurig in dem Moment. Er hat geweint und weder er noch die anderen Familienmitglieder konnten sich erklären, warum das so war. Warum er weinte. Er ging dann nach Hause und auf dem Nachhauseweg meinte seine Tochter zu ihm: *"Ja, hast du das nicht gehört? Kannst du dich nicht erinnern?". „Was habe ich denn gehört?"* fragte er verwundert. *„Da war doch das Stück, das Klavierstück, was wir auch bei Opa auf der Beerdigung gespielt haben. Das lief doch da auch. Das habe ich da auch gespielt."* Dann wurde es ihm plötzlich klar. Die Beerdigung und der Tod von seinem Vater. Ein Erlebnis, womit er sich vielleicht nicht so stark mit beschäftigt hat und dann lief bei dieser Beerdigung dieses Stück und das Gehirn hat das natürlich verdrängt, aber nicht vergessen. Es war immer da. Die Musik und die Verbindung zu den Gefühlen in dem Moment. Ganz tief vergraben und verbunden mit diesem Musikstück und dann lief es wieder und das Gehirn hat sich dann überlegt, mit welchem Gefühl war das Klavierstück nochmal verbunden? Mit Trauer. Automatisch fährt es die Trauer wieder hoch. Solche Situation gibt es öfter. Sie können nicht nur durch Musik ausgelöst werden. Jeder Reiz ist dazu in der Lage. Ein bestimmter Geruch oder das Gefühl, einen bestimmten Ort zu kennen, weil er optisch einem anderen Ort sehr ähnelt. Die damit verbundenen Gefühle kommen hoch und man weiß oft gar nicht warum. Verdrängte Prozess, verhängte Erlebnisse, kommen oft wieder und in den Momenten, wo man es wahrscheinlich nicht gebrauchen kann, wo es dann sehr stark einen Einfluss hat.

Ein weiterer typischer Abwehrmechanismus ist die Reaktionsbildung, das heißt: wir betonen genau das Gegenteil von dem, was gemeint ist. Zum Beispiel, jemand ist vielleicht in die Anna verliebt und er sagt dann: *„Ich mag die überhaupt nicht. Ich kann die gar nicht leiden, die Anna."* Er betont genau das Gegenteil von dem was vorliegt. Das heißt, wenn Leute immer wieder eine bestimmte Sache, sehr stark betonen und du ein komisches Gefühl dabei hast, kann das eine Reaktionsbildung sein. Die Person versucht genau das Gegenteil zu betonen. Ein gutes Beispiel sind auch Leute, die nur hinter Geld her sind oder auch sich betrügerisch betätigen und dann besonders betonen, immer wieder, wie sehr sie soziale Projekte unterstützen und Fairness ihnen am Herzen liegt. Kann dann einen komischen Geschmack mitbringen. Wir nutzen das gerne und oft ist das gar nicht so bewusst. Es ist dann meistens eher ein Schutzmechanismus. Das bekannteste Beispiel, dass auch gerne Komiker nutzen ist die Frage des Mannes an die Frau, ob alles in Ordnung ist, obwohl diese anhand der Mimik schon verrät, dass sie stocksauer ist. Die Antwort der Frau ist dann nicht logischerweise, nein, ist es nicht, sondern sie sagt, alles in Ordnung oder noch schlimmer: *„Es ist nichts."* Reaktionsbildung, auch bitte da drauf achten, dass du dir einfach deinen Gefühlen oder auch deinen Bedürfnissen da recht klar bist und sagst: Okay, das magst du, das weniger. Dadurch ist es wesentlich einfacher nicht auf diesen Abwehrmechanismus hereinzufallen. Wichtig ist noch, auch hier bitte nutze das Blatt Papier und den Stift, dass du dir auch selber überlegst, ob es bestimmte Erlebnisse gab, die du nicht so gut durchgearbeitet hast? Die du vielleicht verdrängt hast? Gibt es Sachen, wo du gerne mal das Gegenteil von dem betonst, was eigentlich ist, um vielleicht deinen Status zu verbessern oder dich zu schützen?

Als dritten Abwehrmechanismus haben wir die Regression. Dabei liegt ein vorübergehend unbewusster Rückzug auf frühere Entwicklungsstufen vor. Die sogenannte Altersregression. Ein neues Kind wird geboren und das ältere Geschwisterkind wird dann auch wieder von den Verhaltensweisen zum Baby. Es will dann plötzlich doch wieder mit der Flasche trinken oder einen Schnuller, was es eigentlich gar nicht mehr benötigt oder nässt sich wieder ein. Man fährt dann ein älteres Programm hoch. Das betrifft nicht nur Kinder, auch manche Erwachsene greifen auf diesen Mechanismus zurück. Sie haben dann beispielsweise immer noch viele Kuscheltiere oder beschäftigen sich auch mit Kindersachen, nicht weil sie selber Kinder haben, sondern einfach um dieses positive Gefühl vielleicht nochmal zu durchleben.

Vergangenheit ist, wenn es nicht mehr weh tut.

Mark Twain

Es gibt die Regression in die Vergangenheit, die nicht unbedingt mit kindlichem Verhalten auf den ersten Blick zu tun hat. Ein Beispiel: Du sitzt im Auto und die Polizei hält dich an. Auch da kann es dann sein, dass es zu einer Regression kommt. Man fängt plötzlich wieder an zu zittern, wird unruhig. Du machst dich etwas kleiner, indem du auf dem Sitz nach unten rutscht. Auch das kann eine Regression sein, eine Altersregression, weil das Gehirn sich überlegt, mit was so ein Reiz nochmal verbunden war. Eine Autorität, die dort steht und sagt: *„Hallo, Führerschein. Fahrzeugpapiere bitte!"*, und du hast vorher irgendwas falsch gemacht und plötzlich bist du wieder der Junge oder das Mädchen, der bzw. die irgendwie in der sechsten Klasse sitzt und Hausaufgaben vergessen hat und der Lehrer oder die Lehrerin geht rum. Heißt, das Gehirn verbindet das mit dem alten Reiz von früher. Was für ein Verhalten habe ich damals genutzt? Man fährt dieses Gefühl automatisch hoch.

Viele Erwachsene fallen wieder in diese Regression durch Trotzverhalten. Nicht selten gibt es Erwachsene, die nochmal die Trotzphase durchlaufen, in der sie sagen: *„Ich bin ja total dagegen und es ist mir doch egal."*

Das Gegenstück zur Regression ist die Progression. Zum Beispiel wenn sich in einer gefährlichen Situation jemand, der eigentlich noch recht jung und unerfahren ist, in erwachsener Weise verhält. Nehmen wir mal als ein 16- jähriges Mädchen, dessen Eltern bei einem Autounfall sterben und das Kind hat noch eine kleine Schwester, die 10 ist. Das 16-jährige Kind nimmt eine Entwicklung in die Zukunft vor und entwickelt sich schnell weiter. Greift zu

Fähigkeiten und Funktionen, die vorher noch nicht da waren, einfach aus der Not heraus, weil das Ich sich, und diesem Fall auch die jüngere Schwester, schützen will als Instanz. Es entwickelt neue Fähigkeiten und entwickelt sich weiter.

Auch da kannst du mal überlegen, sowohl bei Regression, als auch bei der Progression, wann du solche Vor- bzw. Rückentwicklungen hast. Wann gibt es Momente, in denen vielleicht ein altes Programm nochmal hochfährt von früher? Auch das ist oft unbewusst. Mach es dir bewusst und überlege dir, was für Situationen gibt es, wo sowas einfach mal hochfährt und du gar nicht die Kontrolle darüber hast. Oft zum Beispiel in Angstsituationen oder in Stresssituationen. Und gab es auch in deinem Leben Momente der Progression, wo du Fähigkeiten, die du eigentlich gar nicht hattest, plötzlich in Windeseile entwickelt hattest, um bestimmte Probleme zu lösen?

Ein weiterer Abwehrmechanismus ist die Verleugnung. Anders als bei der Verdrängung, bei der das ich dann einfach das beiseiteschiebt, was passiert ist, leugne ich bei diesem Abwehrmechanismus, dass es passiert. Der Tod des Vaters aus dem vorherigen Beispiel könnte auch hier passen. Bei der Verdrängung ist sich der Mann sehr bewusst darüber gewesen, dass sein Vater gestorben ist. Fragte man ihn danach, so antwortete er: *"Mein Vater ist tot."* Lediglich die Gefühle, die damit zusammenhängen wurden von ihm nicht beachtet und ins Unterbewusstsein geschoben. Bei einer Verleugnung jedoch passiert es nicht selten, dass Menschen, die extrem an einer verstorbenen Person hingen, mit dem Tod nicht umgehen können, weil es zu schmerzhaft für sie ist und leugnen, dass die Person verstorben ist. Sie denken sich dann unterbewusst andere Gründe für das Fehlen der Person aus. Dass sie zum Beispiel länger verreist ist und bestimmt bald wiederkommen wird. Auch Menschen, die jahrzehntelang im gleichen Job gearbeitet haben und plötzlich gekündigt werden und vor dem Nichts stehen, agieren häufiger so. Sie sagen dann: *„Nee, ist Quatsch. Ich geh einfach weiter normal zur Arbeit."* Sie stehen jeden Morgen wie gewohnt auf, ziehen sich ihre Arbeitskleidung an, steigen in den Bus und fahren dann sinnlos durch die Gegend. Stundenlang, ohne Ziel und geben so vor, weiter zu arbeiten, so als hätte die Kündigung nie stattgefunden. Und das gibt es wirklich häufiger, als du vielleicht denkst. Menschen, die eine bestimmte Realität, die einfach wirklich da ist, verleugnen, weil sie sonst vor der Härte der Tatsache resignieren würden. Zum Beispiel der Familienvater, der für seine Familie sorgt und der gekündigt worden ist. Der wurde gekündigt und trotzdem zieht er jeden Morgen seinen Anzug an, nimmt seinen Aktenkoffer und geht zur Arbeit oder zumindest tut er so, um dann nachmittags wiederzukommen von der Arbeit. Die Angst, seine Familie jetzt nicht mehr versorgen zu können, vielleicht sogar das Haus zu verlieren, lähmt ihn so sehr, dass er durch Leugnen versucht die Situation zu überstehen. Auch das ist ein Verdrängungsmechanismus auf eine sehr negative Sache, die Kündigung. Irgendwann kommt es wahrscheinlich heraus. Das ist bei der Verleugnung häufig der Fall, denn die Mitmenschen erkennen die reale Situation, entweder durch Wissen (sie waren auch bei der Beerdigung) oder durch kleine Ungereimtheiten, die sie skeptisch machen. Die Frau wird vielleicht irgendwann bemerken, dass Rechnungen nicht mehr bezahlt werden. Und auch hier die Frage an dich, gibt es irgendwelche Realitäten, ob das finanzieller Natur ist oder andere Sachen wie bei Beziehungen, die du verleugnest? Die du komplett ausblendest und wo du nicht hinschauen möchtest? Sich so etwas einzugestehen ist nicht einfach. Es schmerzt. Es schmerzt sogar sehr, denn man fühlt sich schwach. Zu schwach, weil man mit der Situation nicht umgehen kann. Du musst sie jetzt nicht für dich auflösen, das geht gar nicht. Aber es ist bereits ein wichtiger Schritt, sie zu erkennen. Nur so kannst du an ihnen arbeiten.

Dann folgt die Vermeidung als typischer Mechanismus, den wir auch schon bei den Gen- und Umweltinteraktionen angesprochen haben. Mein Verhalten nutze ich proaktiv, indem ich natürlich Umwelten vermeide, die mir schaden könnten oder mich ausbremsen. Wir nutzen täglich solche Mechanismen, ohne wirklich darüber nachzudenken. Wenn jemand zum Beispiel mit Übergewicht kämpft und ständig nascht, dann vermeidet er den Kontakt zu Süßigkeiten. Hat einfach keine Naschereien Zuhause. Vermeidung ist ein Umgehen der Triebanregungen, indem bestimmte Schlüsselreize einfach vermieden werden. Wenn ich weiß, dass ich die Anna zum Beispiel sehr mag, die das aber nicht erwidert, kann ich gucken, dass ich ihr aus dem Weg gehe, damit ich das negative Gefühl der Ablehnung nicht habe. Genauso wie Aufzugfahren. Wenn mich das stresst und sehr belastet, mit dem Aufzug zu fahren, dann nehme ich halt die Treppe. Potenziell negative Reize und Erlebnisse werden über Vermeidung umgangen als Abwehrmechanismus. Nur muss man aufpassen, wenn man zu oft bestimmte Sachen und Herausforderungen meidet, denn das kann jemanden in seinem persönlichen Potenzial sehr einschränken. Manche Ängste oder negativen Gefühle, die man meidet, sind sinnvoll und sorgen dafür, dass wir uns, indem wir uns diesen stellen, weiter entwickeln können. Eine Person, die unheimliche Angst davor hat, vor Publikum zu sprechen und gleichzeitig beispielsweise im Marketing arbeitet, kann sich selbst damit enorm einschränken. Er wird freiwillig die Lorbeeren seiner tollen Idee mit einer anderen Person teilen, obwohl die daran fast gar keinen Anteil hat, nur damit diese Person das Konzept im Meeting vor dem Rest des Teams vorträgt. Auch da kannst du dich fragen: Wann vermeidest du bestimmte

Dinge? Wann gehst du ihnen aktiv aus dem Weg und kann es vielleicht sogar sein, dass du dein Potenzial dadurch enorm einschränkst?

Des Weiteren existiert noch die sogenannte Verschiebung. Bleiben wir mal für das Beispiel im Büro. Ein Mann arbeitet unter einem sehr diktatorischen Chef und kocht jeden Tag vor Wut auf diesen Chef. So geht er dann nach Hause. Frustriert, aggressiv und wütend. Er weiß, dass er diese Wut nicht an seinem Chef auslassen kann, er braucht den Job, doch er findet dafür auch kein anderes Ventil und so verschiebt er sie auf eine andere Person. Beispielsweise auf den Sohn. Für den Alltag bedeutet das dann, dass es auf der Arbeit viel Stress gab und er in Folge dessen aggressiv wurde und am liebsten dem Chef das Auto kaputt machen würde. Aber er kann das nicht ausleben. Diese Fantasien, Impulse können nicht an der Person, der sie ursprünglich gelten, ausgelebt werden und somit verschiebt sich das auf eine andere Person.

Das ist natürlich nur ein Extrem. Nicht jeder wird durch Wut auf den Chef gewalttätig, aber wie oft ist es vielleicht schon in deinem Leben vorgekommen, dass du sauer auf eine Person bist und diese schlechte Laune an einer vollkommen unbeteiligte Person ausgelassen hast? Wann findet bei dir eine solche Verschiebung statt oder gibt es Situationen, wo du bestimmte Impulse auf andere Leute verschiebst? Beobachtest du so ein Verhalten vielleicht sogar bei deinen Mitmenschen? In dem Umfeld zum Beispiel, privat oder beruflich. Gibt es da auch Leute, die zu dieser Verschiebung greifen. Da kannst du auch analysieren und schauen, was wird da wirklich verschoben an Impulsen?

Der nächste Abwehrmechanismus ist die Projektion. Oft hat man bestimmte Selbstanteile, die einem selbst an sich stören, die man dann auf andere projiziert, zum Beispiel Affekte, Stimmungen, Absichten, Bewertungen. Diese werden anderen Personen einfach so zugeschrieben. Wenn du selbst weißt, dass du schon ab und zu ein bisschen abgehoben und arrogant bist, dann kannst du sagen: *„Hey, hier der Hugo, der ist total arrogant und abgehoben".* Das heißt, es ist einfacher, auf andere Menschen zu zeigen, als bei sich selber zu gucken, weil das Arbeit erfordert. Viele projizieren bestimmte Sachen, die sie an sich selbst stören, auf andere Menschen, auch das ist ein Vorgang, der häufig unbewusst abläuft. Dass man Verhaltensweisen an anderen als total störend empfindet, aber man in Wirklichkeit die Anteile selbst hat und diese wie ein Beamer auf die Mitmenschen projiziert, anstatt bei sich selber zu gucken. Gibt es Verhaltensweisen, bei denen du mal projizierst? Überlege dir, was einzelnen Sachen mit dir selbst zu tun. Zum Beispiel sagt ein guter Freund eine Verabredung im letzten Moment ab. Ich bin sauer, enttäuscht und nenne ihn unzuverlässig, obwohl ich vielleicht die letzten Male immer abgesagt habe. Schaue genau drauf, was hat das mit mir selbst zu tun, was projiziere ich gerade auf die Person?

Persönlichkeit ist richtig Selbstempfindung...

Elmar Kupke und Hans-Christoph Neuert

Und oft sind es ganz viel Projektionen. Wenn jemand dich beschimpft oder unverhältnismäßig schlecht bewertet, ist es wichtig, auch da zu prüfen, was die Person projiziert. Hat sie vielleicht etwas aufgeschoben? Bist du Opfer einer Verschiebung oder werden bestimmte Sachen auf dich projiziert, die die Person selbst betreffen?

Vorletzter Abwehrmechanismus ist die Rationalisierung, das heißt, bestimmte Sachen werden rational erklärt, die man gar nicht rational erklären kann. Zum Beispiel wie ein Vater, der seinen Sohn aufklärt und dann sagt: *„Ja, ein paar Schläge haben noch niemanden geschadet"*, oder: *„Er wird abgehärtet dadurch, der Junge. Er wird vorbereitet auf die harte Welt"*. Das heißt, man rationalisiert und begründet vermeintlich sachlich - sehr negative Dinge und gefühlshafte Anteile werden ignoriert oder abgewertet.

Letzter Abwehrmechanismus ist die Sublimierung. Das heißt, nicht erfühlte Triebwünsche werden durch gesellschaftlich höher bewertete Ersatzhandlungen ersetzt und damit befriedigt. Zum Beispiel, jemand hat Triebimpulse, die er nicht ausleben kann, und diese Triebenergie steckt er in Kunst, Sport oder auch exzessive Arbeit. Es ist nicht selten, dass diese Menschen sich extra in exzessive Arbeit stürzen, weil sie sich nicht anders ausleben können oder auch in Kunst, in künstlerische Ergüsse. Alles, was so maßlos ausgelebt wird, kann ein Hinweis darauf sein, dass bestimmt Triebe nicht erfüllt sind und das Maßlose als Ersatzhandlung genutzt wird.

„Weise Lebensführung gelingt keinem Menschen durch Zufall. Man muss, solange man lebt, lernen, wie man leben soll."

Seneca

- *Welche Abwehrmechanismen nutzt du oft?*
- *Betrachte dein Umfeld: Welche Mechanismen werden von deinen Mitmenschen häufig genutzt?*
- *Was sind die Auswirkungen?*

Grundmotive für unser Verhalten

Was für Grundmotive bringt ein Mensch mit? Es gibt insgesamt, gemäß der psychologischen Forschung, drei Grundmotive, die entscheidend sind. Das ist einmal das Anschlussmotiv. Wir Menschen möchten Anschluss haben an andere Menschen, wollen dazugehören, dabei sein. Das bedeutet für das Grundmotiv: Wenn wir alleine sind oder auch gar ignoriert werden, dann ist es schlimm für uns, weil es gegen dieses Grundmotiv, gegen dieses Anschlussmotiv, verstößt. Der Menschen will immer gesehen und bestätigt werden und das bedeutet nicht unbedingt positiv, dass immer gesagt wird: *„Super und das hast du toll gemacht und das hast du auch toll gemacht!"*, sondern das kann auch negative Aufmerksamkeit sein. Aber das ist für die meisten immer noch besser, als überhaupt nicht gesehen zu werden. Lieber negative Aufmerksamkeit als keine. Wir wollen dazugehören. Auch da gibt es spannende Forschungsergebnisse. Wenn wir uns ausgeschlossen fühlen aus einer Gruppe, ist das gleiche Zentrum im Gehirn aktiviert wie beim physischen Schmerz. Das heißt, es schmerzt sehr stark, wenn wir uns ausgeschlossen fühlen. Was hat das früher bedeutet? In der Steinzeit hat das den sicheren Tod bedeutet, weil wir keinen Anschluss hatten und alleine in der Steinzeit kaum überlebensfähig waren. Und da ein Teil unseres Gehirns noch entwicklungsphysiologisch in der Steinzeit ist, führt das dazu, dass wir auf bestimmte Dinge sehr negativ reagieren und das Gehirn direkt auf Alarm schaltet. Menschen wollen dazugehören. Wir Menschen wollen einen bestimmten Status. Dieses Anschlussmotiv ist natürlich bei der Vielzahl an Menschen unterschiedlich ausgeprägt. Manche Menschen sind gerne für sich alleine, andere Leute brauchen ständig Menschen um sich herum. Sie benötigen rund um die Uhr Bestätigung. Du kannst dir ja überlegen, wie es bei dir aussieht. Ich hoffe, du hast immer noch dein Papier und deinen Stift vor dir liegen. Wie stark ist dein Anschlussmotiv dabei? Bist du auch der Typ, der am liebsten die ganze Zeit jemand um sich hat? So kannst du dir auch bei anderen Menschen in der Fremdanalyse überlegen, wie stark das bei ihnen ausgeprägt ist. Vergleiche es mal mit den anderen Motiven, zu denen wir jetzt kommen. Du kannst natürlich auch in deinem Umfeld schauen, bei Freunden, Bekannten, Arbeitskollegen, wie stark bei denen das Anschlussmotiv ausgeprägt ist.

Das zweite Motiv ist das Leistungsmotiv. Menschen mit einem starken Leistungsmotiv wollen unbedingt viel schaffen, viel leisten, Karriere machen, Aufgaben machen, ganz viel und diszipliniert Sachen abarbeiten, und sie arbeiten intensiv an den Zielen. Das ist das Leistungsmotiv. Auch da gibt es dann unterschiedliche Ausprägungen. Manche Menschen sind weniger stark leistungsmotiviert. Sie sagen z.B. *„Komm wird schon“* und *„Ich gebe jetzt mein Bestes und das reicht auch.“*. Das hat natürlich Auswirkungen auf den Stress, auf das Wohlbefinden und besonders wenn das Leistungsmotiv angegriffen wird und jemand sagt: *„Na, da haben Sie sich nicht so viel Mühe gegeben“*, oder bei Rückschlägen wie einer nicht erhaltenen Beförderung. Dann führt das wiederum zu Stress. Abwehrmechanismen werden natürlich aktiviert und unsere Persönlichkeit schaltet im Stress auf Angriff oder Flucht. Mache dir klar, dass gerade dein Leistungsmotiv oder auch dein Anschlussmotiv getriggert wurde. Es wurde gerade aktiviert und wenn man dann kritisiert wird, das Leistungsmotiv also angegriffen wird, dann reagieren viele Leute mit noch mehr Leistung in den meisten Fällen. Das Ziel wurde nicht erreicht, also wird gerade dann nochmal ein Gang hochgeschaltet. Hoch leistungsmotivierte Personen sehen natürlich viel mehr Karrieremöglichkeiten oder andere Möglichkeiten zum Ausleben des Leistungsmotives.

Das dritte und letzte Motiv ist das Machtmotiv. Machtmotiv bedeutet, ein großes Bedürfnis nach Einfluss und Status zu haben. Vielleicht ein schickes Auto, ein schickes Haus, eine schicke Frau oder ein schicker Mann. Macht ausüben zu können, Einfluss zu haben über Leute. Das kann mit Geld verbunden sein, muss aber nicht unbedingt, weil es ab einer gewissen Geldmenge und einem finanziellen Level keinen Unterschied mehr macht in Bezug auf das persönliche Glücksgefühl. Ein Machtmotiv – und das ist ganz spannend – kann auch variieren. Es gibt Leute, die haben ein sehr starkes Machtmotiv und sind dann auch bereit, sich mit Ellbogen durchzusetzen, hier ist gerade die Kombination mit dem Leistungsmotiv in Bezug auf Karriere eine sehr interessante Konstellation. Manche Menschen haben aber auch ein sehr niedriges Machtmotiv, sodass sie sagen: *„Ja, das passt schon, das ist okay, wie es ist. Ich muss da nicht einen riesigen Einfluss haben. Muss nicht alles ganz, ganz toll laufen. Es reicht auch so, wie es ist.“*. Das kann auch von den Grundmotiven sehr unterschiedlich sein. Wenn dieses Machtmotiv getriggert wird, und sich Möglichkeiten ergeben, mehr Macht und Einfluss zu haben, nutzen die Leute das natürlich auch und setzten alles in Bewegung, um diese Macht zu erlangen. Wenn sie eingeschränkt für die Person wird, ist das ein direkter Angriff auf das Machtmotiv, was dann wiederum zu Stress, Frust, Aggressionen führt. Jetzt kannst du dir selbst überlegen, wie stark sind die einzelnen Motive bei dir ausgeprägt? Ist das relativ normal bei dir ausgeprägt oder sagst du dir in manchen Situationen, da bin ich schon recht entspannt mit. Suchst du sehr stark nach Kontakten? Das könnte in die Richtung Anschlussmotiv gehen, dass man sagt, ich möchte anderen gefallen, um dann auch Anschluss zu haben oder ist das bei dir anders? Du kannst natürlich auch bei anderen Menschen im Rahmen der Fremdanalyse schauen, wie sie in Bezug auf die Motive ticken.

Das Persönlichkeitsmodell der *„Big Five"* ist das berühmteste Persönlichkeitsmodell überhaupt in der Psychologie und das am besten bewährte. Die *„Big Five"* sind fünf Grundpersönlichkeitseigenschaften, die wieder deskriptiv gemeint sind. Sie sind nicht wertend gemeint, sondern sie beschreiben einfach einen Menschen und das kannst du super für die Selbstanalyse nutzen. Schaue, wie sind die bei dir ausgeprägt? Aber auch zur Fremdanalyse sind sie gut geeignet, um zu analysieren, wie stark, sie bei anderen Personen ausgeprägt sind, um dann diese besser einschätzen zu können und ihr Verhalten auch besser vorherzusagen.

Was sind die „Big Five" und wie sind sie entstanden?

Man hat den sogenannten lexikalischen Ansatz genommen, der vor einigen Jahrzehnten von Costa McGrae entwickelt wurde. Dabei hat man geschaut, für welche Eigenschaftswörter, Persönlichkeitseigenschaftswörter, es die meisten Synonyme im Lexikon und in einer Sprache gibt. Man hat genau diese fünf gefunden. Und jetzt nicht nur im Englischen, man hat sie auch auf

Deutsch gefunden, Italienisch, Französisch & Spanisch. Immer wieder wurden diese fünf Wörter gefunden und in wissenschaftlichen Studien ließen sich dann auch immer wieder Zusammenhänge feststellen, zwischen den „Big Five“ und bestimmten Ausprägungen und Erfolgswahrscheinlichkeiten im Job. Es gibt verschiedene Varianten und diese sind normalerweise relativ stabil. Es ist nicht so, dass sie sich von heute auf morgen ändern. Die sind recht tief im Charakter verankert und normalerweise eher schwerer zu ändern, aber sie können sich natürlich über Jahre entwickeln, auch über besondere Life-Events. Über diese haben wir ja bereits gesprochen. Und auch durch bestimmte Skriptveränderungen können sie sich entwickeln. Das ist durchaus möglich.

Was sind nun die „Big Five“?

Zunächst ist das die **Offenheit für neue Erfahrungen**. Wenn das stark ausgeprägt ist, sind das sehr neugierige und wissbegierige Menschen. Motto ist: *„Okay, ich probiere mal einfach mal sowas aus“*. Das wäre jetzt eine höhere Ausprägung von Offenheit für neue Erfahrungen, oder im Englischen auch **openness** genannt.
Die umgekehrte Ausprägung wäre eher eine Person, die eher zurückhaltender ist, die sagt, *„Ich habe hier meine Sachen und Infos und das reicht mir.“* Sie liest zwar auch, ist aber bei Weitem

nicht so offen für neue Informationen. Sie neigen eher dazu sagen: *„Ja, ich fahre seit zehn Jahren an den Gardasee nach Italien in den Urlaub und das ist auch okay so, ich muss da jetzt nicht irgendwo nach Asien und Amerika oder irgendwas Spektakuläres machen."* Eine Person, die eher für sich in ihren Gewohnheiten zufrieden ist und nicht interessiert ist an neuen Erfahrungen.

Die zweite Eigenschaft ist **Gewissenhaftigkeit**. Darüber haben wir schon bei der Entwicklung der Persönlichkeit, bei deren Entstehung, gesprochen. Bei einer hohen Gewissenhaftigkeit ist eine Person sehr genau, vielleicht auch perfektionistisch. Alles muss ganz präzise sein. Wenn sie Sachen angeht, dann tut sie dies präzise und geht da relativ exakt vor. Das kann jetzt zum Beispiel ein Finanzbeamter sein, der alles ganz genau berechnet. Das muss alles in Ordnung sein und vernünftig sein und ja keine Fehler dürfen entstehen und vor allem muss alles strukturiert ablaufen. Weniger stark ausgeprägt wäre dann ein Charakter, der ein bisschen chaotischer ist. Er stört sich nicht am Chaos, ist vielleicht auch kreativer und künstlerischer unterwegs oder auch so ein bisschen ein eigener Kopf. Wie sieht es bei dir selber aus? Ich hoffe du hast noch dein Blatt dort liegen und machst dir ein paar Notizen, wie es bei dir mit den Eigenschaften aussieht. In welchen Situationen bist du eher offen, neugierig für neue Erfahrungen und in welchen Situationen nicht unbedingt?

Das gilt für die Gewissenhaftigkeit natürlich auch. Auch hier kannst du auch überlegen, bist du eher eine Person, die da sehr genau ist und gewissenhaft oder doch etwas chaotisch und kreativ? Betrachte auch die Person in deinem Umfeld.

Die nächste Eigenschaft ist die **Extrovertiertheit**. Auch darüber haben wir schon gesprochen. Extrovertierte Personen gehen sehr stark aus sich heraus, gehen eher auf Leute direkt zu und sind ein bisschen offener, was sich auch in der Körpersprache zeigt. Auf einer Party würden sie auch direkt auf eine Tanzfläche gehen und auch kein Problem damit haben, auf Gruppen zuzugehen. Manchmal reden sie auch ein bisschen mehr als introvertierte Personen, was die gegenteilige Ausprägung ist. Introvertierte Personen sind eher etwas zurückhaltend. Das muss nicht unbedingt schüchtern sein. Eine introvertierte Person kann auch sehr selbstbewusst und mutig sein. Da sie jedoch etwas zurückhaltender ist, drängt sie sich nicht direkt in den Mittelpunkt und sagt *„Hallo, hier bin ich".* Auch das haben wir uns bei der Entstehung schon angeschaut. Auch hier kannst du überlegen, wie das bei dir aussieht und dabei noch einmal einen Blick zurück auf den Bereich Persönlichkeitsentwicklung werfen. Wohin möchtest du dich hin entwickeln oder gibt es bestimmte Sachen, von denen du sagst, das wäre ein neue Richtung oder eine Veränderung, die du vornehmen möchtest?

Die nächste Eigenschaft ist die **Angepasstheit**. Wenn sie stark ausgeprägt ist bei einer Person, dann ist das meistens jemand, der ständig Ja und Amen sagt, der sehr stark angepasst ist, immer wieder prüft, was die anderen Menschen von ihm wollen und sich entsprechend verhält. Er steht selten zu sich und wie er wirklich ist und ist weniger stark selbstbestimmt. Ihm ist die Meinung anderer Menschen deutlich wichtiger als die eigene persönliche Entwicklung und kontrolliert sein ganzes Verhalten entsprechend. Demnach ist er sehr starker Selbstüberwacher. Viele bewegen sich vielleicht hier im Mittelfeld. Grundsätzlich vertreten sie zwar ihre Meinung, aber es gibt durchaus Situation, in denen sie ihr Verhalten anpassen. Auch das ist in Ordnung. Wenn die Angepasstheit nur schwach ausgeprägt ist, ist die Person meist ein ganz starker Querkopf. Vielleicht auch ein bisschen eine ungewöhnliche Person, manchmal rebellisch und ordnet sich niemanden unter. Auch das ist eine Möglichkeit.

Das letzte Merkmal ist der **Neurotizismus**. Das bedeutet emotionale Instabilität und Angst. Eine hochneurotische Person hat sehr viel Angst, ist sehr instabil. Sie durchlebt starke Gefühlsschwankungen. Ihr geht es gut und plötzlich ganz schlecht. Sie durchlebt sehr viel Angst im Alltag vor den verschiedensten Sachen. Das Gegenteil davon, ganz schwach ausgeprägt, wäre dann der Kühlschrank. Die Persönlichkeit als Kühlschrank. Nichts kann dieser Person etwas anhaben. Sie geht ganz stabil durch den Alltag. Sie kann natürlich auf den einen oder anderen auch kalt wirken. Da muss man ein bisschen aufpassen, ein bisschen schauen, in welchem Maß das vorhanden ist. Und ich habe ja schon geschrieben, dass das alles deskriptiv, beschreibend und nicht wertend ist. Aber hier ist es natürlich so, wenn der Neurotizismus sehr hoch ist, hat das einen sehr negativen Einfluss auf das Leben. Von daher ist es natürlich ganz zielführend, wenn man daran arbeitet, dass der Neurotizismus nicht so stark ausgeprägt ist.

Die *„Big Five“* sind ja erstmal beschreibend, aber im Alltag zeigt sich das natürlich auch, ob die Person jetzt eher extrovertiert ist, auf andere Leute zugeht. Eher neugierig ist oder ob sie sehr gewissenhaft ist, und einen Bericht zehn Mal überarbeitet. Da dürfen ja keine Fehler drin sein. Das zeigt sich dann natürlich im Alltag und das wirkt sich auch auf das Verhalten aus. Die Big Five begegnen uns bei bestimmten Menschengruppen in unterschiedlichen Ausprägungen immer wieder. Verkäufer und Vertriebler sind beispielsweise in den meisten Fällen recht extrovertiert, wohingegen Finanzbeamte oder Steuerberater eher als gewissenhaft gelten. Journalisten sind oftmals mit einer gewissen Neugierde ausgestattet und auch in der Forschung finden sich häufig Menschen mit einer ausgeprägten Neugierde.

Wenn die Person jetzt überhaupt nicht neugierig ist oder offen auch für neue Erfahrungen, wird sie sich wahrscheinlich ein anderes Umfeld aussuchen. Wie sieht es bei dir aus und wie sieht es bei deinen Mitmenschen aus? Wie sind da die „Big Five" ausgeprägt? Was schätzt du? Kannst du es oft aus bestimmten Verhaltensweisen ableiten? Was passiert, wenn die Person in den Raum kommt und anderen Menschen begegnet? Was für einen Job hat sie?

Jemand, der die ganze Zeit Berechnungen macht oder Sachen programmiert, kann natürlich extrovertiert sein. Das schließt sich nicht aus und manche sind auch im falschen Job. Das heißt, dass das Persönlichkeitsprofil ganz anders aussieht, als das, was sie halt wirklich sind. Da kann es deutliche Unterschiede geben.

Kommen wir zum Punkt der Veränderung der Big Five. Sie sind relativ stabil, aber du kannst natürlich trotzdem daran arbeiten. Eine Möglichkeit wäre zum Beispiel, bestimmte Maßnahmen zu ergreifen und sich zu sagen, dass man auf diese und jene Sachen mehr achten möchte. Oder du sagst dir zum Beispiel: *„Ich bin oft sehr ängstlich und schau da nochmal, ob es irgendwelche Anti-Angst Tipps aus dem Internet gibt, die ich mir besorgen kann".* Auch über eine Therapie kann sich sowas verändern, wenn die Ausprägung massiv ist. Wenn zum Beispiel jemand sehr gewissenhaft ist, was schon zwanghaft wirkt, kann er daran arbeiten, dass das weniger stark ist, und dass man beispielsweise eine andere Einstellung zu seinem Perfektionismus bekommt. Komplett die Big Five umzustellen, das ist relativ unwahrscheinlich, aber Ausprägungen zumindest abzuschwächen, ist im Bereich des Möglichen.

- *Skizziere dein Big-5 Profil*
- *Fallen dir selbst Extreme in den Ausprägungen auf?*
- *Wie kann man die Big-5 anhand von praktischen Beobachtungen im Alltag erkennen? Zum Beispiel Farbwahl oder Körpersprache?*
- *Was möchtest du konkret verändern?*

Charakter ist innere Festigkeit.

Johann Friedrich Herbart

TEIL 4 - PERSÖNLICHKEITSTYPEN

In diesem Teil gehen wir etwas vertiefender auf die Typologien ein und schauen uns mal genauer an, was für Typen gibt es und wie du diese erkennen kannst. Was ist es das für ein Typ Mensch, der hier vor mir steht, und wie gehe ich mit ihm um?

Hinweis: Typologien sind immer Vereinfachungen (vgl. die Anmerkungen am Anfang des Buches) – Bei jeder Zuordnung gehen Grautöne verloren. Niemand ist immer ein „ZDF-TYP“ oder ein „Visueller Typ“. Menschen sind wesentlich komplexer, als die einfachen Zuordnungen. Die Psychologie lehnt Typologien ab. Aber: Für die Praxis sind Typologien sehr praktisch. Insbesondere in Situationen in denen du schnell entscheiden musst, wie die Person tickt. Zum Beispiel im Verkaufsgespräch. Bitte achte stets auf mögliche Differenzierungen. Die gängigsten Typologien habe ich hier zusammen gestellt. Du kannst sie durchaus kombinieren. Weder die VAKOG-Typologie (aus dem NLP, Neurolinguistisches Programmieren), noch das 3-Typen Modell sind wissenschaftlich belegt.

Die verschiedenen Typologien

Fangen wir mit einer Typologie an, die sich auf die Sinneswahrnehmungen bezieht. Das ist die VAKOG-Typologie. Das bedeutet, sie geht davon aus, dass wir einem bestimmten Sinneskanal besonders Aufmerksamkeit schenken. Es gibt zum Beispiel Menschen, die kommen in einen Raum herein und sagen: *„Hier sieht es sehr, sehr schön aus"*, oder man fragt: *„Mensch, wie läuft es?", „Ja, es schaut gut aus"*. Das heißt, das sind eher visuelle Typen. Sie schauen sehr viel, nutzen auch primär den visuellen Kanal und orientieren sich an ihm. Klar wir gucken alle. Wir schauen alle hin, achten auf bestimmte Sachen und schauen durch die Gegend, aber diese Menschen nutzen primär die Informationen aus dem visuellen Kanal. Wir haben Filter in unserem Gehirn. Wir nehmen ja nicht permanent alles wahr, was über die Ohren, über die Augen, über die Nase passiert, aber wir haben Sinneskanäle, die wir als Menschen bevorzugen. Manche Leute bevorzugen den visuellen Kanal und sind damit ein visueller Typ. Sie nutzen auch oft Ausdrücke wie *„Ich sehe das so und so"*, oder *„Es schaut gut aus"*. Sie orientieren sich primär an dem, was sie sehen. Sie sind normalerweise auch etwas schneller unterwegs, sowohl kommunikativ, als auch von der Bewegung her. *„Zack, das machen wir so und das machen wir so"*. Wenn du mit so einem Menschen zu tun hast und mehr Verbindung mit ihm aufbauen möchtest, Sympathie herstellen möchtest, kannst du das spiegeln. Das heißt, du kannst dann auch solche Wörter mehr benutzen, mehr darauf achten, Sachen zu sagen, wie: *„Ich sehe das auch so wie Sie“*, oder *„Schau mal, wie schön das aussieht“*. Oder, wenn es um Argumentationen geht, auch zu sagen: *„Ja, aber es wird doch viel besser aussehen, wenn wir das so und so umsetzen“*. Das heißt, du bedienst dich ebenfalls dieses primären Sinneskanals, redest vielleicht auch etwas schneller und hast so direkt eine ganz andere Verbindung zu dem Menschen als vorher.

Dann gibt es die auditiven Menschen. Die kommen in den Raum und hören erst mal hin. Auch die haben natürlich alle Sinneskanäle, die genutzt werden, aber primär wird darauf geachtet, was denn über das Ohr hineinkommt. *„Hört sich das gut an?“* - Sie benutzen dann auch eher solche Phrasen: *„Da muss ich mal in mich hineinhören oder -horchen“*. Bei ihnen kannst du auf diese Wörter setzten. Beobachte die Person, höre ihr zu und versuche, dich wirklich sehr stark an diesen Wörtern zu orientieren. Du kannst auch nochmal darauf schauen, dass du deine Stimme entsprechend der Lautstärke modulierst, wenn du merkst, dass ist zu laut, dann wieder etwas leiser werden. Gerade Geräusche, auch Hintergrundgeräusche wie Musik, sind hier natürlich viel entscheidender, als beim visuellen Typ, der vielleicht sagt: *„Aha, da läuft halt irgendwie Musik, aber ist jetzt nicht so relevant für mich“*, genauer hinzuhören, was läuft dort für Musik, was sind so für Geräusche. Je nach Situation vielleicht auch eher für Ruhe zu sorgen, wenn du weißt, dass das eine wichtige Verhandlung ist, die du mit einem auditiven Typ hast und da ein bisschen mehr darauf zu achten.

Dann haben wir den kinästhetischen Typen. *„Das fühlt sich gut an“*, oder *„Ich fühle mal in mich hinein.“* Die kommen in einen Raum, sind eher langsamer unterwegs und erfühlen sich einen Raum. Die können das vielleicht gar nicht so erklären und sagen: *„Die Tapete sieht nicht so gut aus“, oder: „Mensch hier ist zu viel Lärm“*, sondern einfach vom Gefühl her sagen sie: *„Na, das fühlt sich nicht so gut an. Hier fühl ich mich nicht wohl.“* Oder zum Beispiel oder auch: *„Bei der oder der Lösung habe ich ein schlechtes Gefühl.“* - Sie arbeiten sehr stark mit diesen Gefühlen. Auch das kannst du natürlich nutzen, indem du auch wieder darauf ansprichst, immer wieder sagst: *„Mensch wie fühlst sich das für dich an? Wie würde sich das für dich anfühlen, wenn das und das wäre, wenn wir jetzt das und das geschafft haben oder das und das durchgesetzt haben, bei der Geschäftsführung, beispielsweise? Wie würde sich das anfühlen?“*. Oder auch, dass du dein Sprechtempo verlangsamst, ruhigere Bewegungen machst und dich bemühst, ruhiger sprechen und deutlich zu sagen: *„Ja, wir würden uns dann auch alle besser fühlen, wenn wir die und die Lösung durchsetzen.“* - Du wirst gleich auch noch eine andere

Typologie kennenlernen, in der mit dem EMO-Typ, ein vergleichbarer Typ vorkommt.

Dann haben wir den olfaktorischen Typen, dieser entspricht dem Geruchssinn. Hier fallen öfter Sätze wie: *„Den kann ich nicht riechen!“* - Das ist so ein Ausdruck, der recht typisch ist für einen olfaktorischen Typen. Das heißt, sie setzen primär auf den Geruchssinn, kommen in den Raum und orientieren sich an den Gerüchen. Du kennst das vielleicht auch, man kommt in eine Wohnung und fühlt sich plötzlich wohl. Es riecht so gut hier oder das Essen riecht gut oder auch Gerüche, bei denen man sagt, die Person riecht so komisch und man weiß gar nicht, warum ich die jetzt nicht mag, aber irgendwie kann man die Person wirklich wortwörtlich nicht riechen. Jeder hat ja so seinen eigenen Geruch und der olfaktorische Sinn ist sehr stark, insbesondere was Erinnerungen anbetrifft. Wir können uns sehr gut an Gerüche erinnern und die nochmal spüren, also nochmal riechen und hier ist auch wichtig, dass du darauf achtest, wie du selber riechst, nicht zu starkes Parfüm zum Beispiel benutzt, denn das könnte diese Person stören. Auch in Räumlichkeiten darauf achten, dass gut gelüftet ist, dass es nicht irgendwie stinkt oder zu aufdringlich riecht.

Zu guter Letzt haben wir den gustatorischen Typen, der über Geschmack geht. Das ist aber jetzt kein wirklicher Typ. Dieser Typ ist eher schwierig, da man ja nicht grundsätzlich etwas schmeckt, wenn man einen Raum betritt zum Beispiel, aber diese Typen nutzen manchmal schon Wörter wie: *„Das schmeckt mir aber gar nicht, wenn wir das so und so machen“*. Im Grunde kannst du ihn eher vernachlässigen.

Und so kannst du im Alltag darauf achten, erst einmal bei dir selbst, was du für ein Typ bist und dann mal beobachtest, was es für Typen in deinem Umfeld gibt und was für Begrifflichkeiten diese benutzen. Wenn du einen Typen identifizierst, kannst du dein Verhalten anpassen, sowohl die Umgebung anpassen, als auch was für Wörter du selber benutzt, um einfach eine bessere Verbindung zu der Person herzustellen und auch bestimmte Entscheidungen der Person besser nachzuvollziehen zu können.

- *Welcher Typ passt eher zu dir?*
- *Welchen Typen erkennst du in deinem Umfeld?*
- *Wie kannst du die Typen an der Körpersprache erkennen?*

Das 3-Typenmodell

Ein zweites Modell ist das 3-Typenmodell. Es geht von 3-Typen aus, einmal der emotionale Typ, dann der Zahlen, Daten, Fakten - Mensch, der ZDF-Typ und der Ego-Typ.

Egotypen sind Menschen, die kommen in den Raum rein: *„Hallo, hier bin ich und das ist das Wichtigste."* Sie sind sehr selbstbewusst, haben viel Selbstvertrauen und neigen dazu, andere unterzubuttern. Sie haben eine direkte Ausdrucksweise, sagen ganz klar, was Sache ist. Das kann durchaus manchmal verletzend sein, so ein bisschen wie ein Elefant im Porzellanladen. Sie preschen vor und sagen: *„Ja, so und so wird das gemacht und fertig".* Weniger kompromissbereit, achten weniger auf die Gefühle von ihren Mitmenschen, sondern eher auf ihren eigenen Vorteil.
Ihr Motto ist: *„Ich möchte das so, also wird das so gemacht, basta. So wird das gemacht und fertig."*
Das müssen nicht unbedingt Männer sein. Es gibt auch viele Frauen, die Ego-Typen sind. Sie sind sehr dominant, es stört sie nicht andere vielleicht auch mal die Mitmenschen unterzubuttern und sind sehr auch auf sich selbst bezogen. Sie fragen sich oft, was der eigene Vorteil ist? Was springt da für sie bei raus?

Wie geht man mit so einem Typen um? So einen Typen bemerkst du recht schnell. Oft merkt man das daran, dass einem selbst die Kraft ein bisschen fehlt, sie einfach dann weniger wird, wenn die Person den Raum betritt. Man fühlt sich ein bisschen eingeengt, wenn man in der Nähe von diesen Typen ist. Die andere Person bläst sich quasi auf, wie so ein Luftballon und du selbst fühlst dich eher schlechter und deine Luft geht raus. Da ist es wichtig, dass du sofort natürlich deine Körperhaltung optimierst, wenn du so einem Typen begegnest. Dass du wirklich gerade hinstellst, durchatmest und nicht zulässt, dass bei dir die Luft rausgeht und dann der Person das zu geben, was sie möchte.

Ja, was möchte sie? Zuwendung, Selbstbestätigung und ihr das genau zu geben. Wirklich zu sagen: *„Mensch, vielen Dank, dass die Sie sich Zeit genommen haben für mich. Ich weiß ja, sie haben sehr viel zu tun. Jetzt nehmen Sie sich extra Zeit für mich, super. Das freut mich, Dankeschön."* Also das zu bestätigen und dann vorsichtig Alternativen anzubieten ist der richtige Weg. *„Danke, dass Sie sich extra Zeit genommen haben für das Gespräch. Ich weiß, Sie haben ja so viel zu tun."*

„Ja, ich habe total viel zu tun."

„Und gleichzeitig hätte ich hier noch eine Anmerkung wegen des Büros, da hätte ich gerne das und das Büro". Das mag jetzt erst einmal befremdlich klingen, macht aber Sinn und funktioniert durch viel „Pacing ". Pacing benennt in der Psychologie, dass man

zunächst viel Bestätigung und Zuwendung gibt und danach vorsichtig eine Alternative anbietet. Pacing und noch mehr Pacing und Körpersprache optimieren. Letzteres ist sehr wichtig bei den Ego-Typen.

Dann haben wir noch den Ratio-Typen, der auch ZDF-Typ genannt wird. Er denkt sehr rational, wie der Name schon sagt. Wichtig sind Zahlen, Daten, Fakten, man muss es irgendwie belegen können, alles schön sachlich erläutert, durchstrukturiert. Mit Gefühlen braucht man ihm in Argumentationen nicht kommen. Du solltest daher auch Sätze vermeiden wie: *„Ja, wenn wir das umsetzen würden, dann würden wir uns im Team viel besser fühlen. Es ist eine viel bessere Stimmung".* Das ist für diesen Typen gar nicht relevant, sondern wichtig sind halt klare Vorteile, die man belegen kann, am besten auch mit Zahlen. Zahlen, Daten, Fakten. Das ist entscheidend, eher trocken, strukturierter, bei den *„Big Five"* weist er auch eine hohe Gewissenhaftigkeit auf und da bringt es natürlich wenig über Gefühle zu argumentieren. Da musst du ganz klar über Vorteile gehen, über Fakten, wirklich sagen, hier gibt es die und die Studie, die hat belegt, wenn wir mehr Pflanzen im Büro haben, sind wir produktiver, steigern die Effizienz oder die Gesundheit und die Zahl der Krankheitstage geht dadurch zurück. Sachlich argumentieren und auf keinen Fall sich emotional zu involvieren. Wähle ein ganz klare Sprache, rede nicht um den heißen Brei rum, sondern formuliere ganz klar deine Argumente.

Dann haben wir zu guter Letzt den Emo-Typen. Er ist eine sehr emotionale Person. Viele denken da direkt an Frauen, aber das kann auch ein Mann sein. Das sind Personen, die jetzt eher angepasster und sehr emotional sind. Das bedeutet aber nicht nur weinerlich. Sie können auch mal etwas lauter werden. Leider neigen sie auch dazu, sich ausnutzen lassen. Ihnen ist es wichtig, dass sie anderen helfen können, sie unterstützen. Bei ihnen ist es wichtig, dass du die Emotionen auch aufgreifst und wertschätzend der Person gegenüber bist. Nicht wie ein Elefant im Porzellanladen direkt anzugreifen, sondern wirklich erstmal wertschätzend zu agieren und auch mit Emotionen zu argumentieren, dass du selber viel Emotionen nutzt. *„Ich bin darüber enttäuscht. Ich bin traurig, dass es so und so gelaufen ist oder wenn wir das so und so umgestalten hier im Team Büro, dann hätten wir eine viel bessere Stimmung.“* Dieser Typ fühlt das nach und versteht das als gute Argumente. Fakten sind ihm zu kalt, nicht fassbar genug, aber Gefühle kann jeder nachvollziehen. Eine gute Stimmung, gute Beziehungen untereinander, das ist für sie ganz entscheidend und so kannst du mit ihnen innerhalb dieser Typologien besser umgehen. Kombiniere die drei Typen mit den

Big-5 und den Antreibern. Wie könnte sich die Körpersprache unterscheiden bei den drei Typen?

„Wir leben tatsächlich in einer Welt, die beherrscht wird von dem Schein, Geborensein sei eine Trivialität, die wir in der tiefsten Implizitheit, der stummsten Selbstverständlichkeit auf sich beruhen lassen dürften bis zu dem Tag des Gegenteils, um das man sich seit jeher gründlichere Gedanken macht."

Peter Sloterdijk

TEIL 5 – SPRACHMUSTER- UND KÖRPERSPRACHE - ANALYSE

Herzlich willkommen zum letzten Teil. Du hast ja schon sehr viel gelernt. Wir haben uns mit der Entstehung der Persönlichkeit beschäftigt, mit den Grundfacetten und wie man sie analysiert. Mit den „Big Five", mit den Typologien und Bedürfnissen. Abschließen würde ich dieses Buch gerne mit dem Bereich der Sprach- und Körpersprachanalyse. Die Herausforderung bei der Körpersprache ist natürlich, dass sie im Buch mangels Videos und konkreten Übungen etwas schwerer erlernbar ist. Ich treffe als Mimikresonanz®-Trainer und Psychologe ständig auf Leute, die viele Bücher zum Thema „Mimik" und auch „Körpersprache" nahezu inhaliert haben. Wenn ich dann spielerisch ein paar Signale in das Gespräch einstreue, bekommen sie das nicht mit. Lesen ist zu kognitiv für das Thema Mimik und Körpersprache. Ich möchte dir trotzdem sehr viel mitgeben, damit du schon einige Sachen lernst, aber das Beste ist natürlich, das in einem Mimikresonanz® - Training wirklich fundiert zu lernen, so dass es in Fleisch und Blut über geht. Informationen dazu findest du am Ende des Buches (inklusive Rabattcode). Zu sehen, was gibt es für subtile Signale in der Mimik, die auf Lügen hindeuten könnten, die auf Angst oder auch wahre Emotionen hindeuten könnten, ist eine große Stärke im Beruf. Es gibt so viel zu beachten, so viel zu entdecken im Gesicht des Gegenübers, was er unfreiwillig verrät.

Was er von sich preisgibt, ohne es zu wissen, kannst du lernen und dann auch im Job gut nutzen. Um dich z.B. zu schützen, um eine Verhandlung besser zu führen oder einfach, um das Gegenüber besser kennenzulernen. Manchmal ist es so, dass man die wahren Gefühle gar nicht kennt oder was eine Person wirklich denkt. Gerade das lässt sich dadurch in einem umfangreichen Profiling sehr gut rausfinden.

Bei der Mimik und bei der Körpersprache, was fast noch stärker wirkt, als das, was wir sagen, gibt es vier Kategorien oder auch vier Typen, die wir nutzen können. Es gibt Personen, die sehr offen gestikulieren, wirklich breite Arme, wie Thomas Gottschalk früher bei „Wetten, dass..." - sehr offen, herzlich. Man sagt diese offene Gestik gerne Italienern nach und meint damit, dass sie in ihrer Sprache viele Gestikulieren. Sie drücken so viele Gefühle aus. Es belebt die Sprache und gibt noch viel mehr Informationen preis, als würde das Gegenüber nur starr dasitzen und erzählen. Das sind Personen, deren nonverbale Kommunikation sehr verbunden ist mit Freundlichkeit, Offenherzigkeit und Sympathie. Das heißt, wenn du Personen siehst, die wirklich authentisch offen sind, authentisch offen kommunizieren, mit offenen Armen bei denen der ganze Oberkörper frei ist und die einladend und offen wirken, dann ist das ein Zeichen dafür, dass sie eher freundlicher und sympathischer gestimmt sind - offener für neue

Erfahrungen sind. Wenn man das mit den „Big Five“ nochmal verknüpft, deutet dies darauf hin, dass sie umgänglicher sind. Sie sind dann offen für neue Erfahrungen und haben eine geringere Angst. Sie zeigen das unterbewusst, wenn sie den Herzbereich vorne durch ihre Gestik freimachen. Das heißt, ich muss mich nicht schützen, ich habe die Arme da nicht vor, ich kann offen auf Menschen zugehen. Sie geben einem so einen gewissen Vertrauensvorschuss und neigen dazu generell Menschen mehr zu vertrauen und nicht direkt skeptisch gegenüber Fremden zu sein.

Dann haben wir Personen die eher eine zurückhaltende Gestik und Mimik haben.

Das bedeutet, dass sie Sachen bewahren wollen, auf Sicherheit und eine höhere Ausprägung im Bereich Gewissenhaftigkeiten in den „Big Five“, strukturiert sind. Es fällt auf, dass sie nicht so hin und her hampeln oder ausschweifende Bewegungen machen. Ihre Bewegungen sind eher klein. Sehr wahrscheinlich ist auch, dass sie nicht so extrovertiert sind, wie eine Person, mit der offenen Körpersprache, sondern zurückhaltend, bewahrend.

Dann haben wir noch Personen, die sehr starre Gestik und Mimik zeigen, mit sehr viel Zeigegesten. Bei ihnen fällt auf, dass sie auf Sachen, auf Personen zeigen und recht starre Bewegungen machen, schon recht viele Bewegungen mit den Armen, auch ein bisschen ernster teilweise gucken, aber relativ starr. Das sieht man wiederholt bei Politikern. Da sind das dann Macht- und

Statusgesten. Leute mit einem hohen Machtmotiv und Leistungsmotiv. Dort sieht man primär die starre Körpersprache mit schnellen Bewegungen und Zeigegesten. Wenn du sowas beobachtest, kannst du davon ausgehen, dass die Person sehr in Richtung Status und Dominanz unterwegs ist. Du selbst kannst natürlich auch diese vier Varianten nutzen, um selbst eine bestimmte Wirkung zu erzielen.

Dann haben wir noch den letzten Typ. Das sind diejenigen, die viele, ausschweifende Bewegungen nutzen, aber nicht unbedingt in die Richtung mit der offenen Körperhaltung, sondern in Richtung visionäre Gesten. Barack Obama ist ein gutes Beispiel dafür. Man konnte bei seinen Reden oftmals beobachten, dass er irgendwo hingezeigte und sehr viele Illustrationsgesten nutzte. Das heißt, man sagt nicht nur, *„Wir haben da ein ganz großes Paket an Reformen vor"*, sondern man zeigt dann auch mit beiden Händen, wie groß das ist. Macht zum Beispiel mit den beiden Händen einen großen Kreis in der Luft. Das sind Illustrationsgesten, die veranschaulichen dann die Aussage und kann gut dafür genutzt werden, um Sachen zu illustrieren, bestimmte Sachen zu unterstreichen oder zu betonen. Solche Gesten stehen für Mut und offen für Neues zu sein. Viele starke Bereiche spielen damit rein, unter anderem Kreativität, visionäre Gedanken und zukunftsorientierte Denkweise.

Das waren so die vier Hauptquadranten, die wir gerne an anderer Stelle nochmal intensivieren können, insbesondere was auch das Thema Mimik-Analyse angeht. Sehr spannend bei der Fremdanalyse ist das Thema Stressgesten. Wenn Menschen unter Stress geraten, dann haben sie sehr viel Energie. Sie laden sich durch den Stress richtig auf und ein Ventil findet diese Energie häufig in sogenannten Stressgesten oder auch Beruhigungsgesten. Das kann dann zum Beispiel sein, dass man sich in die Lippe beißt, geht mit der Zunge über die Lippe, hat eine erhöhte Blinzelrate und vieles mehr. Schnellere Atmung, auch das kann man ja im gewissen Rahmen beobachten, vor allem bei Menschen, die nervös werden. An den Fingern rumspielen, Ein Stift durch die Hand gleiten lassen, einen Kugelschreiber immer wieder drücken oder mit dem Fuß unruhig wippen. Das sind Stressgesten und das kannst du natürlich auch in der Fremdanalyse beobachten. Du kannst dich fragen, wie reagiert die Person auf bestimmte Themen, wenn du ein bestimmtes Thema ansprichst, geht der Stress dann hoch? Sagen wir mal du bist im Beruf, im Job und wurde in deiner Firma ein Beamer geklaut. Du kannst zu einem Kollegen gehen und fragen: *„Hast du schon gehört, es wurde ein Beamer geklaut?“*, und wenn er nichts damit zu tun hat wird er wahrscheinlich sagen: *„Ne, keine Ahnung, steht wahrscheinlich im Schrank.“* - Er wird nicht besonders interessiert wirken, aber auch nicht so, als würde er schnell das Thema wechseln wollen. Sein

Körper zeigt keine Anspannung und Stressreaktionen sind auch nicht wahrnehmbar. Wenn er was damit zu tun hat, wird der Stresspegel hochgehen und dann wirst du das sehen. Vielleicht wippt er plötzlich unruhig auf der Stelle, kaut sich auf der Lippe rum, spielt am Jacket, blinzelt schneller und dann wirst du das bemerken. Das ist natürlich kein Beweis, vielleicht hat er auch nur etwas gesehen und will jetzt einfach keinen Ärger bekommen, bzw. mit der Sache nichts zu tun haben. Aber durch diese subtilen Zeichen verraten Menschen unbewusst, wenn ein Thema sie stresst. Woher dieser Stress dann rührt, gilt es zu hinterfragen. Darauf kannst du achten: auf Verhaltensveränderungen in der Körpersprache. Um eine Veränderung zu erkennen, musst du natürlich wissen, wie die Körpersprache der Person normalerweise ist. Eine Person, die generell sehr hibbelig ist, wird noch nicht unter Stress stehen, nur weil sie sich nach einer Frage zappelnd bewegt oder wippt. Wichtig ist, dass die Körpersprache zum Charakter passt, weil auch das – du erinnerst dich an den ersten Teil – kann man natürlich täuschen. Sich eine Maske, das sogenannte Pokerface, aufsetzen. Auffällig wird das Pokerface allerdings, wenn eine Person eigentlich vom Charakter weicher und bewahrender unterwegs ist und plötzlich mit der Maske der Persönlichkeit als sehr dominant auftritt, mit so vielen Statusgesten, dass es schon nicht mehr authentisch wirkt.

Sprachmuster

Ich – Ich - Ich

„Ich mache dies und das... ich biete XYZ an... ich finde das geht so und so“. Kennst du auch solche Leute, die immer nur von sich selbst sprechen? Es ist normal, dass man mal das Wort ICH nutzt. Die sogenannten ICH-Botschaften sind ein typisches Instrument der Kommunikation, jedoch macht die Dosis das Gift. Neuerdings gibt es sogar Software, die Häufigkeiten zuverlässig dokumentiert. Wie oft kommt das Wort ICH in der E-Mail vor? Erreicht es einen bestimmten Quotienten? Wenn dein Kollege ständig das Wort ICH benutzt, ist er sicherlich nicht automatisch ein Narzisst, jedoch ein gewisses Bedürfnis nach Aufmerksamkeit und ICH-Zentriertheit kannst du der Person schon zuschreiben.

Man...

Man müsste mal wieder Spanisch lernen...
Man macht das so!
Man hat da kaum eine Möglichkeit...
Man hat da wenig Lust drauf...

Das Wort „Man“ führt zu einer Dissoziation der Persönlichkeit. Man zieht sich passiv aus der Verantwortung heraus. Nicht ICH müsste etwas Spanisch lernen, sondern man. Die Wahrscheinlichkeit ist relativ gering, dass es klappt. Nicht ICH muss das Geschirr spülen, sondern man müsste es. Nur wer ist das? Wer ist *man*?

Klar, in manchen Situationen ist das Wort „man“ sehr sinnvoll. Wenn jedoch jemand das Wort in einem hohen Maß nutzt, dann will die Person entweder keine Verantwortung übernehmen oder nicht voll in ein Gefühl reingehen. *„Man hat da Angst“* schützt das Gehirn eher, als wenn ich sage *„Ich habe da Angst.“* Das Wort MAN kann auch eine Schutzfunktion haben.

Weichmacher

„Ich versuche das mal...“
„Ich könnte das mal machen...“
„Vielleicht mache ich bald mal wieder was Sport...“
„Ich glaube das Produkt passt zu Ihnen.“

Wie stark sind die Überzeugungskraft und das Selbstvertrauen der Person? Was impliziert das Verb *„versuchen“* schon? Genau, dass ich scheitere. Natürlich kann ich auch so scheitern, jedoch schicke ich mir und meinen Mitmenschen mit dem Wort *„Versuchen“* schon eine klare Botschaft, dass ich scheitern könnte. Die

Wahrscheinlichkeit ist wesentlich höher. In meinem Studium habe ich einige Studenten erlebt, die vor Klausuren feiern gingen, um dann direkt eine Ausrede zu haben, falls sie schiefgeht.

Weichmacher wie *versuchen, glauben, vielleicht* schwächen deine Überzeugungskraft und senden die bewusste Botschaft an dein Gehirn: *„Du schaffst es nicht!“*.

Antreiber

Die einzelnen Antreiber lassen sich im Gespräch relativ zuverlässig erkennen. *„Es muss alles ganz schnell gehen. Das muss schneller gehen. Sofort. Zügig. Flott.“* Das sind typische Begriffe für den Schnell-Antreiber, die natürlich, wie alle anderen Formulierungen auch, situationsabhängig sind.

Das muss *„ordentlich“* sein. Der Ablauf ist *„noch nicht perfekt genug“*. Der Bericht ist noch zu *„100% korrekt“*. Auch den Perfekt-Antreiber kannst du anhand der Formulierungen gut erkennen.

Der Antreiber *„Sei brav“* geht oft mit erhöhter Nutzung von Weichmachern einher. Wörter wie *„Mehr Harmonie, Liebe...“* und weiche Sprache sind weitere Anzeichen für den Antreiber.

„Da musst du stark bleiben! Nur die Harten kommen in den Garten! Das muss ich aushalten, da muss ich durch!“ Harte Sprache ist ein Indikator für den *„Sei Stark-Antreiber“*.

Sprache ist zu einem großen Teil situationsabhängig und ist längst nicht so zuverlässig wie Körpersprache. Es ist umso wichtiger, dass du bestimmte Sprachmuster häufiger hörst, bevor du dir Gedanken zum Antreiber machst.

Stand

„Wie man geht, so geht es einem…“ – Das ist ein Credo der Neurowissenschaften. Im Stand und Gang zeigt sich häufig die Gefühlslage und – zumindest bei häufiger Beobachtung – auch Teile der Persönlichkeit. Geht jemand eher sehr zügig? Schlürft er herum? Bewegt sich jemand wie ein Cowboy? Hier sind die Veränderungen und die Häufigkeiten entscheidend. Wenn Herr Erhard gerade aus dem Büro des Chefs kommt und dieser hat ihm mitgeteilt, dass er entlassen wird, dann wird Herr Erhard sicherlich wenig selbstbewusst über den Gang laufen.

Achte bewusst bei deinen Mitmenschen auf den Gang. Primäre Merkmale sind Geschwindigkeit, Größe der Schritte (klein oder größer) und Ballenbetonung. Letzteres meint, dass man vorsichtig und zurückhaltend ist und eher auf den *Fuß-ballen* geht. Probiere das einmal aus und spüre die Wirkung, wenn du primär mit den

Ballen zuerst gehst. In meinen Seminaren spüren die Teilnehmer sofort eine gewisse Unsicherheit.

Beim Stand einer Person gibt es je nach Situation auch verschiedene Variationen. Manche Menschen stehen primär sehr starr wie ein Soldat. Die Beine sind recht eng nebeneinander und maximal gerade. Bei erhöhten Stress neigen wir zu dem Stand und wenn Menschen zu erhöhten Selbstkontrolle neigen. Zum Beispiel in Kombination mit hoher Gewissenhaftigkeit und starker Angepasstheit.

Manche Menschen überkreuzen auch ihre Beine stark. Das kann unsicher wirken, selbst wenn die Person sich innerlich sehr sicher fühlt. Am Anfang meiner Karriere als Trainer bekam ich die Rückmeldung, dass ich aufgrund meines damaligen Standes unsicher sei. Innerlich habe ich mich relativ sicher gefühlt, aber die Wirkung war eine andere.

Auf der Kölner Partymeile *(„Die Ringe")* kannst du jeden Samstag den Bodyguard-Stand begutachten. Die Beine sind weit auseinander und die Person nimmt mit ihrem Stand viel Raum ein. Dieser Stand signalisiert Stärke und Dominanz. Manchen Menschen hilft es tatsächlich bei Konflikten diesen Stand einzunehmen, um sich besser durchsetzen zu können.

Der normale Stand misst einen Abstand von ca. einem Meter zwischen den Beinen. Das ist stabil und souverän.

Raum- Distanz-Verhalten

„Komm mir nicht zu nahe!" – Wer kennt sie nicht, Menschen, die einem immer zu nahekommen, sich richtig aufdrängen. Mit dem Mittel der *„Distanz"* kann man Macht ausüben und gleichermaßen zeigen, wie gerne man doch eine Person hat.

Wenn der Geschäftsführer Müller merkt, dass seine Anweisungen nicht so optimal bei seinen Angestellten ankommen, dann neigt er dazu, ihnen näher als 60 cm zu kommen. Das ist die intime Zone. Er strahlt mit dem Verhalten Dominanz aus und untermauert seine Anweisung damit.

Gleichzeitig gibt es auch stark extrovertierte und überaus kontaktfreudige Menschen, die sofort in die intime Zone vordringen. Auch dies kann von mancher, eher zurückhaltenden Personen als aufdringlich empfunden werden.

Die persönliche Zone meint den Abstand von zwei bis drei Metern zu unseren Mitmenschen. Das ist ein sicherer und höflicher Abstand. Man kann sich vorsichtig herantasten.

Wenig bis kein Augenkontakt kann in der gesellschaftlichen Zone hergestellt werden. Der Abstand zwischen den Menschen beträgt meist über 100 Meter.

Im Seminar ist es immer sehr spannend, wie nahe, oder auch nicht, die Teilnehmer sich kommen. Manche Teilnehmer kommen rein und „stürzen" sich direkt auf die fremden Teilnehmer und andere Teilnehmer bleiben erstmal auf Sicherheitsabstand. Das ist Goldwert für eine erste Einschätzung der Persönlichkeit. Wie dominant und extrovertiert ist die Person? Wie introvertiert?

Mimik

In der Mimik zeigt sich das komplette Spektrum der Gefühle. Ob Freude, Angst, Trauer, Ärger, Überraschung, Verachtung oder Ekel, alle Basisemotionen lassen sich sehr präzise in der Mimik erkennen. Häufig sind bewusste Makroexpression (über 500ms lange) in der Mimik zu sehen. Sie werden vom Gehirn willentlich ausgelöst. Wenn du deinem Chef sagst, dass du kündigen wirst und er schaut länger als 500ms überrascht, dann wusste er schon, dass du kündigst. Eine Überraschung kann nicht vorher bewusst sein. Bis zu 500ms schnelle Bewegungen in der Mimik werden Mikroexpressionen genannt. Sie sind nicht bewusst kontrollierbar und werden direkt vom limbischen System ausgelöst. Bei hoher emotionaler Beteiligung und wenn Menschen etwas verbergen möchten, treten sie besonders häufig auf.

In Gesprächen machen viele Menschen den *„Wackel-Dackel"* – Sie nicken und lächeln immer brav, aber bekommen trotzdem nichts mit. Oder kaufen am Ende doch nichts in einem Verkaufsgespräch. Meist sickern im Gespräch vorher Mikroexpressionen, also die wahren Emotionen, kurz durch. Mit etwas Training lässt sich zuverlässig erkennen, ob der Kunde beim Preis für 100ms Ekel in der Mimik zeigte oder der Bewerber im Vorstellungsgespräch kurz Angst gezeigt hat, als es um seine potenziellen Aufgabenbereiche ging. So kannst du Einwände erkennen, bevor sie ausgesprochen wurden und sehen, was die Person nicht sagt.

Studien belegen: Menschen mit einer hohen Emotionserkennung sind im Beruf und Privatleben erfolgreicher und glücklicher. Emotionen zeigen sich vor allen Dingen in der Mimik, dem bestuntersuchtesten Bereich der Körpersprache.

Blufft mein Gesprächspartner nur? Was für eine emotionale Wirkung erzielt meine Präsentation wirklich? Was sind heiße Themen bei meinem Gesprächspartner? Was fühlt mein Gegenüber wirklich? – Diese Fragen können in der alltäglichen Kommunikation sowohl beruflich als auch privat entscheidend sein.

Im ersten Schritt ist es wichtig auf das Gesicht bewusst zu achten. Was bewegt sich in den einzelnen Regionen des Gesichtes? Was zuckt auf der Stirn? Was passiert mit den Augenbraun? Wie bewegt sich die Nase und der Mund? In Gesprächen schauen wir meist ins Gesicht, aber nehmen die entscheidenden Signale nicht wahr. Erkenne die Veränderungen im Gesicht.

Im zweiten Schritt geht es um die Deutung der subtilen Bewegungen. Bei Mikroexpressionen sind sie bis zu 500ms schnell und neben dem Erkennen ist es eine weitere Herausforderung, die wahre Emotion korrekt zu deuten. Erst nach der Analyse kann man auf die Zeichen angemessen reagieren.

Im dritten Schritt erfolgt die Reaktion. Meistens ist Schweigen Gold. Es wäre sehr nervig und wenig zielführend, wenn ich persönlich alles ansprechen würde, was ich im Alltag so beobachte. In Schlüsselsituationen macht es jedoch Sinn

bestimmte Gefühle anzusprechen: *„Ich merke gerade, Sie sind verärgert?" oder „Sie runzeln die Stirn?"*.
Es empfiehlt sich das „Mimik lesen" fundiert in einem intensiven Seminar über 16 Stunden zu lernen. Im Mimikresonanz®-Training lernst du die sieben Basisemotionen zuverlässig zu erkennen. Mehr Informationen unter: www.matthias-niggehoff.de (Einen Rabattcode findest du am Ende des Buches).

Zusammenfassend möchte ich noch mitgeben, dass der Charakter eines Menschen zwar immer einer gewissen Veranlagung unterliegt, dass diese aber nicht das endgültige Bild des Menschen darstellt. Im Laufe eines Lebens lernt der Mensch viele Verhaltensweisen, entweder durch kopieren oder aber durch eigene Erfahrung. Er lebt und festigt sie und die Skripte bestimmen in vielen Situation unser Handeln und unser Leben, aber auch sie sind nicht festgeschrieben. Wir können unseren Charakter formen, aber nicht von heute auf morgen. Wir können die Skripte überschreiben und neue Verhaltensweisen lernen. Das ist mit viel Mühe und Arbeit verbunden und nicht selten kommen dabei Abwehrmechanismen zum Vorschein, die man zuvor genutzt hat, um mit bestimmten Situation umzugehen. Das kann Verdrängung gewesen sein oder auch das Leugnen von Tatsachen. Die Big Five spielen eine große Rolle in unserem Leben. Auch hier haben wir Möglichkeiten, einzugreifen, natürlich nur eingeschränkt, aber wir sind eben nicht vollkommen machtlos.

Mach dir immer bewusst, was du willst. Was willst du sein? Wie willst du sein? Wo liegen deine Stärken und deine Schwächen und kannst du deine Schwächen vielleicht nicht sogar effektiv nutzen oder sogar umwandeln in Stärken. Beobachte dein Gegenüber genau. Hat er vielleicht nur eine Maske aufgesetzt? Kennst du ihn in verschiedenen Situationen und kannst die Masken miteinander vergleichen? Wie gibt er sich in den unterschiedlichen Situationen? Und wenn du ihn dir als Vorbild für eine bestimmte Charaktereigenschaft nimmst, wie beispielsweise Selbstbewusstsein, kannst du dann von ihm lernen? Kannst du dir sein Verhalten durch Kopieren aneignen und dich selbst so stärken?

Verliere dabei nie dein Ziel aus den Augen. Betrachte immer, ob deine Entscheidung zu einer Veränderung von dir oder von außen ausgeht. Erlebe dein Leben bewusst. Es ist nicht verkehrt in bestimmten Situationen das Erlebte erst einmal nach hinten zu schieben. Das ist vor allem bei einem Trauma überlebenswichtig, denn so hält dein Gehirn dich handlungsfähig, aber irgendwann holen dich die Erlebnisse ein. Nimm diese dann an. Durchlebe sie Stück für Stück und bearbeite sie. So kannst du auch aus schlimmen Erlebnissen Erfahrungen und Kraft schöpfen. Ein Umstand, der dich auf Dauer stärker macht und vor allem auch deine Persönlichkeit weiterentwickelt. Suche dir Umwelten, die dich fördern und nicht bremsen. Ich habe dir hier das Handwerksmaterial gegeben, um bewusst deine Umwelt und dein Gegenüber wahrzunehmen. Deine Mitmenschen zu verstehen und zu wissen, wie man auf sie reagieren kann. Jetzt liegt es an dir, es anzuwenden. Wenn du weitere Hilfe benötigst oder eine intensive Schulung, dann sprich mich auf das von dir gewünschte Thema an. Vor allem in meinem Experten-Gebiet, im Bereich Mimik und Gestik, unterstütze ich gerne. Vielen Dank für das Lesen und Bearbeiten des Buches. Ich freue mich auf eine mögliche persönliche Begegnung mit dir im Seminar bei mir.

Matthias Niggehoff

Hörbuch zum Buch – Kostenlos herunterladen

Als ganz besondere Überraschung kannst du dir das ganze Buch als Hörbuch (ungekürzt) herunterladen. Besuche dazu diese Seite:

http://www.psychologie.academy/hoerbuch/

Nutze deinen persönlichen Code:

Safa79530065ght-likfhk

Den Download-Link bekommst du per E-Mail zugeschickt.

Viel Spaß beim Hören.

Seminar Selbst- und Fremdanalyse

16- Stunden Intensiv-Training in kleiner Runde

- ✓ Welcher Persönlichkeitstyp passt zu mir und mit welchem Stil der Körpersprache erziele ich maximale Wirkung beim Gesprächspartner? Optional mit Video-Feedback.

- ✓ Persönlichkeitsanalyse anhand von Körpersprache – So analysiert du Personen aufgrund von non-verbalen Signalen (Ist sie machtorientiert? Sensibel? Perfektionist? Etc.) - Stimme, Gang, Gestik und subtile Signale

- ✓ Zielführende Kommunikation mit unbewussten Sprachmustern, die perfekt zu dem jeweiligen Typ passen – Für überzeugende Kommunikation. Eigene Stärke und Schwachpunkte kennen.

- ✓ Konkrete Übungen und Empfehlungen zu u.a. diesen Situationen: Konfliktverhalten - Ruhig bleiben, Machtspiele durchschauen und lösen - Selbstbewusstes Auftreten und Durchsetzen im Job und Privat - Umgang mit sehr schwierigen Menschen und Provokationen / Stress

➔ Kleine Runde (max. 10 Teilnehmer) für den individuellen Erfolg, inklusive Handouts, Checklisten und Video-Analyse

Jetzt einen Platz sichern:

www.matthias-niggehoff.de

*(Rabattcode von über 100 Euro: "**safa27457**", gilt auch für Mimikresonanz®)*

Seminar Mimikresonanz® - Sehen, was nicht gesagt wird

16- Stunden Intensiv-Training in kleiner Runde

✓ **Mikroexpressionen erkennen - Wahre Gefühle lesen -** Sehen, was Personen nicht sagen und wirklich fühlen. Erkennen Sie die sieben Basisemotionen präzise bei Ihren Gesprächspartnern. Mikroexpressionen sind nicht bewusst kontrollierbar und höchstens 500 ms schnell.

✓ **Unausgesprochene Einwände erkennen - Subtile Mimiksignale deuten** - Sicheres Deuten der Signale: Erkennen Sie schnell, ob Ihr Gesprächspartner Angst, Ekel, Verachtung, Freude, Trauer oder Ärger fühlt.

✓ **Empathie und persönliche Bindung durch zielführende Kommunikation** - Sie lernen, mit den Signalen in Gesprächssituationen optimal umzugehen und sie positiv zu nutzen für maximalen Gesprächserfolg.

➔ Kleine Runde (max. 10 Teilnehmer) für den individuellen Erfolg, inklusive Handouts und lebenslanges Online-Training.

Jetzt einen Platz sichern:

www.matthias-niggehoff.de

*(Rabattcode von über 100 Euro: "**mimik27457**")*

Kontaktiere mich:

Schreiben: mail@matthias-niggehoff.de

Anrufen: 0221/64005900

Besuchen: www.matthias-niggehoff.de

Facebook: Matthias Niggehoff

Xing: Matthias Niggehoff

18678015R00075

Printed in Poland
by Amazon Fulfillment
Poland Sp. z o.o., Wrocław